目次

はじめに

■　このハンドブックの使い方

■　なぜ運営管理が大切なのか？

■　さらに詳しく･･･

■　さて次は？

このハンドブックの使い方

このアルファ･コース運営ハンドブックには、アルファ･コースを準備し運営管理するための方法が、段階ごとに分かりやすく書かれています。アルファ･コースは様々なサイズや形で行なうことができます。コースに参加する人数は 3 人から 600 人までと様々で、それぞれのアルファ･コースを行なうのに必要なことは、規模によってかなり異なってきます。

このハンドブックで提案するすべてのことが、皆様の準備されているコースにあてはまるというわけではありません。ここでは、コースを運営管理するにあたっての基本的な骨組みを提供したいと思います。コースを計画する前にこのハンドブックによく目を通し、コースの期間中は、参考としてこのハンドブックを活用することをお勧めいたします。

ハンドブック

このハンドブックは、次の三つのセクションに大別しています。

＜計画＞
6～9 ヶ月前：最初のアルファ･コースを始める前に
3～6 ヶ月前：2 回目以降のアルファ･コースを始める前に

＜準備＞
2 ヶ月間：それぞれのアルファ･コースの 1 週間前までの準備

＜アルファ･コース＞
第 1 週～第 10 週
アルファ･セレブレーションタ食会
アルファ･ウィークエンド
アルファ･デイ

チェックリスト

それぞれのセクションは、さらに細かい時間的なスケジュールに分かれています。準備段階で確認できるように、それぞれのセクションにチェックリストがついています。これらのチェックリストに加えて、準備しやすいように更に詳しい情報やアドバイスが記されています。

書式（フォーム）

ハンドブックの最後には、アルファ･コースを行なうときに必要な書式の原本が添付してあります。必要であれば、これらの書式をコピーしてお使いください。

なぜ運営管理が大切なのか？

アルファ･コースをより良くアドミニストレーション（すなわち運営管理）することは大切です。それには二つの大きな理由があります。

● イメージ
教会を知ってはいるが普段行かない人びとは、「教会は非効率的な運営をしていて、中途半端なアプローチしかしていない」という印象を抱きがちです。しかし、コースが綿密に計画された素晴らしいものであれば、ゲスト（参加される方）は嬉しい驚きを感じ、先入観も変わってくるでしょう。そうすれば、ゲストは心を開いて福音を聞いてくださるでしょう。

● 関係作り
時間をかけ十分に準備することによって、ゲストは気配りを感じ、自分に関心が向けられているのだということが分かります。例えば、ゲストとしてコースの会場に着いたときに、もし自分の名前が書いてある名札があったら、その後のコースへの関わり方に大きな違いが生まれるでしょう。私たちがゲストに心を向けていることを示すと、ゲストはコースに対してより心を向けるのです。

アルファ･コースを運営管理していくにあたって、たくさんの仕事をこなさなければなりません。しかし、時間と共に各地に広がっているアルファ･コースですから、役に立つ資料が既にたくさん用意されています。できるかぎり周りの人びとにも責任を委ね、「チーム」をつくりましょう。世界中の何千もの教会がアルファ･コースを成功させています。その蓄積がこのハンドブックです。皆様が持っている人的・経済的資源をできるかぎり有効活用されるよう、最善を尽くしてくださいますように！

さらに詳しく・・・

アルファ･コースに関する更に詳しい情報は、次の場所で得ることができます。

アルファ･オフィス

アルファ・ジャパン事務局にご連絡ください。また世界各国にアルファ・オフィスがありますので、海外在住の方でも事務局にご連絡くだされば最寄りのオフィスをご紹介いたします。

アルファ・ジャパン事務局
〒113-0033 東京都文京区本郷 1-25-3 松尾ビル 7F
電話：03-3868-8775
ファックス：03-3868-8776
E メール：info@alphajapan.jp
ホームページ：http://www.alphajapan.jp

アルファ･アドバイザー

アルファ・アドバイザーは、あなたがアルファ･コースを行なうのを手伝ってくれます。アルファ･ニュースにアルファ・アドバイザーが記載されています。カトリックの方のためのアドバイザーもいます。アルファ･アドバイザーを確認し、できるだけ早い時期に連絡をとるとよいでしょう。

アルファ･ニュース

年に 3 回、アルファ･ジャパン事務局に登録されたアドミニストレーターの方々に、アルファ･ニュースをお送りしています。アルファ･ニュースには、世界中でどのようにアルファが行なわれているかなどについてたくさんの記事が書かれています。また、次のことも記載されています。

- 世界各国で登録されているアルファ･コース
- 世界各国のアルファ事務局とアドバイザーの連絡
- 世界各地で開催されるアルファ･カンファレンスの詳細

更に多くの部数のアルファ･ニュースを希望する方は、アルファ・ジャパン事務局までご連絡ください。

アルファ・インターナショナルのホームページ

http://alphacourse.org/

このホームページ（英語）には、たくさんの情報と共に次のことも記載されています。

- アルファ･カンファレンスの詳細
- アルファの最新情報
- 世界のアルファ･コースの様子

さて、次は？

コースを始める前に、このコースを終えた人たちがどのように信仰を深めていくか、その手助けをどのようにできるかについて考えてみましょう。これには様々な方法があります。コースを既に終えた人たちを、現在あるホーム･グループ（家庭集会）に参加するように勧めることができるでしょう。あるいは新しくホーム･グループを作ってもよいかもしれません。

アルファ・インターナショナルには次のようなフォローアップ･コースが用意されていて、参考となる文献、スタディ･ガイド、カセットテープ、マニュアルなど（英語）があります。

> ***A Life Worth Living***：「フィリピの信徒への手紙」を軸とした、新しくクリスチャンになった人たちに最適のコースです。
>
> ***Searching Issues***：アルファを通して最もよく問題とされる事柄である、苦難、結婚前のセックス、他の宗教、ニュー･エイジなどについての質問について取り上げたコースです。
>
> ***Challenging Lifestyle***：イエスの山上の垂訓を軸とする、２つの期間から成るコース。このコースは、「どのように社会に貢献するか」「どのように、お金を取り扱うか」のような問題を、扱っています。

これらの本は、今後、日本語訳を準備する予定です。

計画

最初のアルファ･コースを始める前に

6～9ヶ月前

チェックリスト

■ アルファ・アドバイザーにコンタクトをとる

■ アルファ･カンファレンスに参加する

■ もし、自分が牧会の責任を持っていないのなら、責任を持っている人の支援と祝福を必ず受ける

■ アルファ･アドミニストレーターとアルファ･コース･リーダーを選び、指名する

■ あなたのアルファ･コースを登録する

■ コースの開催場所を決める

■ コースに関わる、収入･支出を管理する経理システムを確立する

■ アルファ・ウィークエンド（あるいはアルファ・デイ）の開催場所を選び予約する

■ ワーシップ･リーダーを選び任命する

■ 教会の人びとの支援を得る

日程の設定

	日付
アルファ・トレーニング　1 - スモール･グループを導く	________________
アルファ・トレーニング　2 - 牧会ケア	________________
アルファ・ゲスト礼拝	________________

アルファ導入のための夕食会（最初のコースのみ）　＿＿＿＿＿＿

アルファ　第1週　＿＿＿＿＿＿

アルファ　第2週　＿＿＿＿＿＿

アルファ　第3週　＿＿＿＿＿＿

アルファ　第4週　＿＿＿＿＿＿

アルファ　第5週　＿＿＿＿＿＿

アルファ　第6週　＿＿＿＿＿＿

アルファ・トレーニング　3 - ミニストリー　＿＿＿＿＿＿

アルファ・ウィークエンド、アルファ・デイ　＿＿＿＿＿＿

アルファ　第7週　＿＿＿＿＿＿

アルファ　第8週　＿＿＿＿＿＿

アルファ　第9週　＿＿＿＿＿＿

アルファ　第10週　＿＿＿＿＿＿

アルファ・セレブレーション夕食会　＿＿＿＿＿＿

教会のカレンダーにアルファ・ゲスト礼拝の日程を書き込む

アルファ・アドバイザーにコンタクトをとる

アルファ・アドバイザーは、皆様がアルファ·コースを準備し、その活動を続ける手助けできるようなサポート·ネットワークを確立しています。アドバイザーは、それぞれの地域でアルファ·コースを行った経験があり、アルファ·ニュースに、アルファ・アドバイザーの連絡先の詳細が載っています。ユース・アルファやカトリックの方のためのアドバイザーもいますので、アルファ・ジャパン事務局にご連絡ください。

アルファ・アドバイザーは、アルファ·コースについての一般的な質問に答えるだけではなく、次のこともしてくれます。

- 教会でアルファについて説明してくれる人を紹介してくれます
- アルファ・ウィークエンド、アルファ・デイを行なうのに適切な場所を紹介してくれます
- 最初のアルファ·コースを始めるときの、アルファ導入のための夕食会、また最後に行なうアルファ・セレブレーション夕食会のためのメッセンジャーを紹介してくれます。
- 最初のアルファ・ゲスト礼拝、また、アルファ・セレブレーション夕食会で、証ししてくれる人び

とを紹介してくれます
- アルファ・ウィークエンド、アルファ・デイを手伝い支援してくれるスピーカー、ミニストリー・チームを紹介してくれます
- アルファ・チームのトレーニングをしてくれます

どうぞお気軽にアルファ・アドバイザーご連絡ください。喜んでお手伝い致します。

アルファ・カンファレンスに参加する

2日間にわたって行なわれるアルファ・カンファレンスは、あなたと、アルファ・チームをトレーニングし、アルファ・コースを行なうために必要なことを教えてくれます。このカンファレンスでは、アルファの原則を学び、「アルファ・コースのタイムテーブルの例」を含む、アルファ・コースを行なうにあたっての実際的な事柄についても学べます。

アルファ・カンファレンスに参加する前に、アルファ・コースの内容や構成を知っておくためにも、『人生の疑問』『さあ、伝えよう！』（両方とも、ニッキー・ガンベル著）を読んでおくことをお勧めします。

世界各地で行なわれるアルファ・カンファレンスについては、アルファ・ニュース（英語版）に掲載されています。

アルファ・アドミニストレーター、アルファ・リーダーを指名する

まず、コースの中でのトークを誰かにお願いするのか、ビデオを使うのか、決めなくてはなりません。最初のコースにあたっては、ほとんどのトークをアルファ・コース・ビデオを使って行なうことをお勧めします。10週間にわたる、15のトークは、どのような人にとっても準備するには大変なことでしょう。

誰かがトークをするなら、誰がどのトークをするか決めましょう。最初の四つのトークは同じ人が続けてするのが望ましいでしょう。

アルファ・アドミニストレーターとアルファ・コース・リーダーの役割は、同じ人が兼任することもできます。特にビデオを使ってアルファ・コースを行なうときには可能です。しかしビデオを使わない場合には、実際にトークをする人がアルファ・コース・リーダーの役割を担うことをお勧めします。

アルファ・コース・リーダー

アルファ・コース・リーダーは、アドミニストレーター、またはトークをする人であり、教会でリーダーシップをとっている成熟したクリスチャンであるべきです。コース・リーダーは、チーム・トレーニングを含む様々なアルファ・セッションをリードし、コースでは牧会ケアに対する責任も担います。

アルファ・アドミニストレーター

アルファ・アドミニストレーターは、コースを行なう前に『さあ、伝えよう！』を読んでおくことが必要です。この本には、アルファ・コースの聖書的な原則が書かれていて、コース・リーダーのための実際的なアドバイスも含んでいます。

アルファ・アドミニストレーターは、コースの舞台裏のすべての仕事を行なう責任者です。アドミニストレーターは、しっかりした人で、行動的で、フレンドリーであるべきです。アドミニストレーターはまた、アルファ・コースの運営管理に関わる祈りの重要性を理解しているということも、大変重要です。

アドミニストレーターの役割は次のようなものです。

- アルファ・コースを登録し、主にアルファ・オフィスとの連絡をとりあう
- アルファ・アドバイザーとの連絡をとりあう
- コースに参加する予定のゲストから申込書を受け取り、コンタクトをとる
- チームをまとめる
- タスク・フォースを率いるコーディネーターを指名する
- リーダー、ヘルパー、ゲストをスモール・グループに分ける

- アルファ・ゲスト礼拝、アルファ·チーム·トレーニング、アルファ·ミーティング、及びアルファ·セレブレーション夕食会の構成、まとまりを監督する
- 毎週の祈り会、アドミニストレーション・ミーティングで、責任者の立場からのコメントを述べる
- 聖霊に満たされるアルファ・ウィークエンド、アルファ・デイを計画準備する

必要不可欠というわけではありませんが、アルファ·アドミニストレーターがコンピューターを使える環境にいることをお勧めします。

アルファ·アドミニストレーターは、このハンドブックに書かれてあるすべての仕事を監督することに責任がある一方で、様々な仕事をチームの各メンバーに委任していくことも必要です。アルファ·コースに参加するゲストの人数が増えてくれば、会計にコースの財務管理を任せたり、タスク・フォースのコーディネーターに、夕食を配ったり、椅子を並べたり、セッションが終ったらその場を片づけたりする仕事を任せる必要もでてきます。

アルファ·コースを登録する

アルファ·コースを登録するには、色々な方法があります。

- アルファ·ジャパン事務局に、登録申込書を請求する
- アルファ·ニュースと一緒に受け取る登録申込書に記入する
- ホームページの登録申込書に記入する　(http://www.alphajapan.jp)

アルファ登録リストは、アルファ·オフィスに登録済みの、世界中で行なわれている、アルファ·コースの一覧です。これは、年に3回更新され、アルファ·ニュースに記載されます。

アルファ·コースを登録すると以下のような利点があります。

- 登録されたコースは、アルファ登録リスト、アルファ·ニュース、及び、インターネットにも載ります。アルファ·オフィスでは、毎週、たくさんの人からそれぞれの地域で行なわれているアルファ·コースについての問い合わせの電話を受けます。登録リストを使えば、問い合わせをしてきた人びとは自分のためのコースを見つけられるだけではなく、違う地域に住む家族や友人のためのコースも見つけることができるのです。
- アルファ·コースに人びとを招待するためのアルファ·パンフレット（及び申込書）を注文する場合には、ディスカウントがあります。詳しくは、アルファ・ジャパン事務局にご連絡ください。

開催場所を決める

申込書から予想されるコース参加者の人数をもとに、アルファ・セレブレーション夕食会、及び、毎週の集まりを持つ場所を選びましょう。

- 環境：一般的な原則として、リラックスできる環境がよいでしょう。家はコースを始める場所として最もよいところです。また教会に行っていない人にとっては、家の方がリラックスしやすいものです。コースのサイズによっては、教会にその場を移す必要があるかもしれません。どこでコースを行なうにしても、照明、テーブルクロス、花など、工夫をして家庭的な雰囲気を作り出すようにしましょう。
- スモール·グループの場：たくさんのスモール·グループが作れるならば、コースを行なう場所に、各スモール·グループがそれぞれ集まることのできるスペースを確保してください。
- 予約：コースを行なうのに必要な教会内のスペースは、必ず前もって予約をとり教会の他のイベントと重ならないように注意してください。

コースに関わる、収入·支出を管理する経理システムを確立する

アルファ·コース、特にアルファ・ウィークエンド、アルファ・デイの資金を調達するためには、祈りが大切です。

次の事柄にかかる予算を立てることから始めましょう。

- アルファ導入のための夕食会（最初のアルファ・コースの前に）
- 毎週ごとのアルファ･セッション
- アルファ・セレブレーションタ食会（それぞれのアルファ・コースの後で）
- アルファ・ウィークエンド、アルファ・デイ

また、次のことにかかる費用も考えておきましょう。

＊ 招待状、アルファ･パンフレット
＊ 郵便代
＊ 食事
＊ アルファ･マニュアル
＊ ビデオなどのコース資料
＊ トレーニングのための資料

- 教会の会計と会い、お金を運用する際の教会のポリシーを学ぶ。
- 保険の補償範囲を確認し、コースを行なう際に考えうる様々な角度からの補償を整える。

コースの参加人数が多い場合には、会計を任命するとよいでしょう。

アルファ･ウィークエンド（あるいはアルファ･デイ）の開催場所を選ぶ

できるだけ早く、アルファ・ウィークエンド、アルファ・デイの開催場所を予約しておくことが大切です。更に詳しいことは、57ページのアルファ・ウィークエンドの項目を参照してください。

- 開催場所を決めるときに、あなたがその場所の管理者と決めたこと（使用時間や、必要なものなど）すべてを細かく記した契約書を必ず手に入れてください。

ワーシップ･リーダーを任命する

コースが30人くらいのサイズになったら、コースにワーシップ（賛美）を導入してみましょう。

- ワーシップ･リーダーを任命する場合には、賛美をすることに慣れていない人たちのことを気遣うことのできる人を選びましょう。

教会の人びとの支援を得る

アルファ･コースに参加するほとんどの人が、友達によって招待されてコースに参加しています。ですから、教会に集まる人びとは最高の広告宣伝媒体となってくれます。教会の効果的な宣教活動として、アルファ･コースを役立たせるためにも、コースについてきちんとした情報が皆に渡され、コースがどのようなものか把握してもらうことが大変重要となってきます。
そのために、次のことをしてみてはいかがでしょうか。

- 最初のアルファ･コースは、教会の人びとを対象に行なってみてはいかがでしょうか。そうすれば、教会に行なっていない彼らの友達を次のコースに誘いやすくなるでしょう。

- 教会にアルファ・アドバイザーを招き、アルファ･コースについてのプレゼンテーションをしてもらったり、「アルファ紹介」ビデオを見てもらったりすることもできます。

- アルファ･ニュースを教会の人びとに読んでもらうこともできます。

- 教会の週報や月報に、アルファの証しを掲載していただくのもよい方法です。

- 最初のアルファ･コースを行なう前のアルファ導入のための夕食会に、皆様の教会に集まる人びとのご家族やお友達を招待してもらうよう働きかけてみましょう。

- コースが始まる前のアルファ・ゲスト礼拝に、皆様の教会に集まる人びとのご家族やお友達を招待してもらうようにしましょう。

日程を設定する

- 一年に3回のペースでコースを行なうのが理想的だと思います。日程を決めるときには、大まかには学校の学期に合わせるとよいでしょう。春から夏(1 学期)、秋から冬(2 学期)、冬から春(3 学期)の三つに時期を分けて考えていく必要があります。コースとコースの間には、限られると思いますがある程度の間隔をあけましょう。

- コースが始まる前に、二つのトレーニング･セッションを行ないます。コースが終った後にはアルファ・セレブレーション夕食会を行ないます。これらのための日程を考慮に入れておきましょう。最初に行なうアルファ･コースの前にアルファ導入のための夕食会を持つ予定であれば、そのための時間も、二つ目のトレーニング･セッション。と第1週（初回）の間にとっておいてください。

- トレーニング3はミニストリーについてのトレーニングですが、これはアルファ・ウィークエンドを行なう前の週の間に行なってください。

- アルファ・ウィークエンドを行なう最良の時期は、第6週の後でしょう。しかし第5週の後、第8週の前であれば、どの週末に行なうことも可能です。その地域で行なわれるスポーツのイベントなどと日付が重なって、人びとがアルファ・ウィークエンドに参加できないということがないように、十分留意してください。

- アルファ･コースを日中に行なう場合、学校のスケジュールや行事などを考慮に入れ、子供を持ったお母さんたちが参加できるような日程を設定しましょう。学校のお休み（春休みや、夏休みなど）が、コースの真ん中に来てしまう場合には、コースも一時期お休みしてもよいでしょう。

アルファ導入のための夕食会

最初のアルファ･コースの前に、アルファ導入のための夕食会を持つことをお勧めします。2回目以降は、各コースの終了後に、アルファ･セレブレーション夕食会を持つのがよいでしょう。導入のための夕食会は、最初のアルファ･コースに、友人や家族を招待できる最良の機会です。この夕食会の内容と計画は、アルファ・セレブレーション夕食会と全く同じ方法でできます。(詳しくは、53 ページをご覧ください)。

教会のカレンダーにアルファ･ゲスト礼拝の日付を書き込む

アルファ･ゲスト礼拝は、教会のメンバーがアルファ･コースに参加してほしいと思っている家族や友人を招待できる素晴らしいチャンスです。このゲスト礼拝に参加する人の多くは、教会を全く知らないということを心に留め、彼らを暖かく迎え入れる環境を作り出すように心がけましょう。これがアルファ･コースの雰囲気をよい方向に決めていく手助けとなってくれます。

スモール･グループのリーダー、及びヘルパー以外でアルファ･コースに参加する人は皆、このハンドブックの中では、「ゲスト」と呼ばれています。そうすることによって、リーダーやヘルパーなど、このコースの運営管理に関わる人は皆、常に「ホスト」として、人びとをもてなすことを心に留めることができるからです。

2回目以降のアルファ・コースを始める前に

3~6ヶ月前

チェックリスト

日程の設定

	日付
アルファ・トレーニング　1 - スモール・グループを導く	________
アルファ・トレーニング　2 - 牧会ケア	________
アルファ・ゲスト礼拝	________
アルファ導入のための夕食会（最初のコースのみ）	________
アルファ・第1週	________
アルファ・第2週	________
アルファ・第3週	________
アルファ・第4週	________
アルファ・第5週	________
アルファ・第6週	________
アルファ・トレーニング　3 - ミニストリー	________
アルファ・ウィークエンド、アルファ・デイ	________
アルファ・第7週	________
アルファ・第8週	________
アルファ・第9週	________
アルファ・第10週	________
アルファ・セレブレーション夕食会	________

- 教会のカレンダーにアルファ·ゲスト礼拝の日程を書き込む
- これらの日程に必要となるすべての部屋を予約する
- 予算を見直す
- アルファ・ウィークエンド（アルファ・デイ）の開催場所を選ぶ
- アルファ・ウィークエンド（アルファ・デイ）の開催場所から、詳細を記載した契約書を取り寄せる

日程の設定

- コースの前に二つのトレーニング·セッションと、コースの後にアルファ・セレブレーション夕食会を組み込めるように日程を設定しましょう。
- 日中にアルファ·コースを行なう場合には、学校の学期やスケジュールなどに留意しましょう。学校のお休みがコースの中にある場合には、コースも一時期お休みにするのがよいかもしれません。
- 誰かにトークをしてもらうのかビデオを使うのか、チームと一緒に決めましょう。もし、誰かにトークをお願いするのであれば、その人選をしどのトークをしてもらうのか決めましょう。

これらの日程に必要なすべての部屋を予約する

他のイベントや行事とスケジュールが重なることがないようにしましょう。

予算を見直す

教会の会計と次の予算について、話し合いをもちましょう。

- 毎週のアルファ·セッション
- アルファ·コースのあとに行なわれるアルファ・セレブレーション夕食会
- アルファ・ウィークエンド（アルファ・デイ）
- 書籍販売を通しての収入、支出

アルファ・ウィークエンド（アルファ・デイ）の開催場所を選ぶ

- できるだけ早く、予約をいれましょう。（1年先まで）
- 更に詳しいことは、アルファ・ウィークエンドの項目（57ページ）あるいは、アルファ・デイの項目（65ページ）を参照してください。

アルファ・ウィークエンド（アルファ・デイ）の開催場所から、詳細を記載した契約書を取り寄せる

ゲストからお金を集める前に、開催場所に支払う予約金を支払う必要があるかもしれません。

計画

2ヶ月前

日付＿＿＿＿＿＿＿＿＿＿＿＿＿＿

チェックリスト

■ アルファ･コース･パンフレットの準備をする

■ アルファ･コースのための資料や、推薦図書を発注する

■ ホルマン･ハントによって描かれた「世の光」の絵のコピーを入手する

■ 教会の中、また、外で、あなたのアルファ･コースを宣伝する

■ アルファ･ゲスト礼拝の招待状を準備する

ワーシップ･リーダー

■ 奏楽者を選び、練習の日時を決める

■ 賛美の時間、及びアルファ・ウィークエンドでの、楽器、音響関係のすべての準備をする

■ コースで歌われるすべての曲のソングブック、或いは、歌詞をスライド（OHP など）で映す準備をする

アルファ･コース･パンフレットの準備をする

● これらのパンフレットは、アルファ･コースへの招待状の役割もします。50 枚単位でアルファ・ジャパン事務局に注文することができます。教会で行なうアルファ･コースの詳細を記入して重ね刷りすることもできます。このパンフレットにアルファ･コースの具体的な日時を書いた紙（付録 1 参照）をはさんで渡すこともできます。

● もちろん、ご自分でパンフレットを作成することも可能です。できるだけプロフェッショナルに作るとよいでしょう。このパンフレットは、たくさんのゲストのアルファ・コースに対する第一印象を決めることになります。アルファのロゴをアルファ・コースのホームページからコンピューターで取り込んで使ってもかまいません(http://alphacourse.org/downloads/)。

パンフレットの配布

必ず時間的な余裕をもって､前もってこれらのパンフレットを準備しておきましょう。ゲストが事前

にコースに登録すると、大変役に立ちます。前もってだいたい何人の人が参加するか分かれば、食事の準備をしたりスモール·グループを編成したりするときに、大変役に立ちます。
これらのパンフレットを次のような場で配布するとよいでしょう。

- アルファ・ゲスト礼拝
- アルファ・セレブレーション夕食会
- 問い合わせがあったときや、コースのチームには入っていないメンバーに配る

パンフレットは、日曜日の礼拝時にインフォメーション·デスクか受付に必ず置きましょう。

アルファ·コースのための資料や、推薦図書を発注する

アルファ資料

コースを運営管理するにあたって、次の資料をそろえておくことをお勧めします。
コースでアルファ·ビデオを使う場合

- アルファ・ビデオ
- アルファ·グループリーダーとヘルパーのためのアルファ・チーム・トレーニング·マニュアル
- すべてのリーダー、ヘルパー、コースに参加予定のゲストのためのアルファ・マニュアル
- コースの期間中、アルファ・ゲスト礼拝の終了時、アルファ・セレブレーション夕食会の終了時に配布できるだけの、十分な数の『なぜ、イエス様？』『なぜ、クリスマス？』（季節に応じて）

アルファ·ビデオを使わない場合、トークをする人は、アルファ·コースの内容を網羅したニッキー・ガンベル著『人生の疑問』が必要です。
ワーシップをコースに取り入れようと考えている場合には、アルファ·ワーシップ·パックが役に立つでしょう。
最新のアルファ資料は、アルファ·ジャパン事務局にお問い合わせください。

推薦図書と聖書

- 付録 3 とアルファ·マニュアルに、推薦図書のリストがあります。コースの期間中、ゲストに読んでもらうように勧めてください。トークやスモール·グループでの話し合いが彼らの好奇心を刺激するので、更に詳しい事を知りたいとたくさんのゲストが思い始めます。ですから、これらの本がコースを行なっている場所に売られているとよいでしょう。
- 特に聖書について話をする第 4 週には、販売用の聖書を用意しておきましょう。アルファ·ビデオでは、新共同訳聖書（英語版は New International Version（NIV））が用いられています。

ホルマン·ハントによって描かれた「世の光」の絵のコピーを入手する

アルファのトークをライブでするときには、第 3 週の「確かに信じるには？」の学びのときに、この絵のコピーを使うことをお勧めします。

教会の中と外で、アルファ·コースを宣伝する

アルファ・ジャパン事務局で手に入るアルファのポスターを宣伝のために使うことができます。教会の掲示板にも一枚貼れば、アルファ·コースを行なうということがその地域の人びとにもお知らせすることができます。
教会の週報、ニュースレターなど（「3 週間前の準備」を参照）でも宣伝しましょう。

アルファ・ゲスト礼拝の招待状を準備する

アルファ・コースが始まる2週間前には、教会に集まる人びとがその友達や家族をアルファ・ゲスト礼拝に招待するための招待状を配りましょう。

書面のどこかにアルファのロゴを入れ、裏面には地図を入れてコースの開催場所の説明をしましょう。

招待状を作ってみましょう。例えば・・・

[教会名]

ゲスト礼拝

[日付]

[時間]

トーク：[講師の名前]

[トークのタイトル]

（裏面に地図）

ワーシップ・リーダー

奏楽者を選び、練習の日時を決める

賛美の時間、及びアルファ・ウィークエンドでのすべての楽器や音響機器を準備する

開催場所にある使用できる機材などを、事前にチェックしておく必要があります。

コースで歌われるすべての曲のソングブックまたは歌詞をスライド（OHPなど）で映す準備をする

準備

4 週間前

日付＿＿＿＿＿＿＿＿＿＿＿＿＿＿＿＿

チェックリスト

■ チームを作る

■ タスク・フォースを作る

■ タスク・フォースの一人に書籍販売をしてもらうよう頼む

■ スモール·グループのリーダーとヘルパーに『人生の疑問』を読むよう勧める

■ 毎週の夕食をどのようにまとめていくか計画を立てる

チームを作る

アルファ·グループ·リーダーとヘルパー

アルファ·グループ·リーダーとヘルパーの人数を決めるとき、次のことに留意しましょう。

- スモール·グループの理想的なサイズは12人です。

- 12人のグループの中に2名のリーダー、2名のヘルパーが必要です。
  例えば、
  - ＊ 夫婦と、二人の独身のヘルパー（男性と女性）
  - ＊ 一人のリーダー（男性か女性）、夫婦のヘルパーともう一人の独身のヘルパー

リーダーやヘルパーを決める指針：アルファ・チームを選ぶとき、次のように自問してみましょう。「クリスチャンでない自分の親友に、この人からキリスト教について話をしてほしいか」。もし答えが「いいえ」であるなら、その人は、スモール·グループのリーダー、ヘルパーにはならない方がよいでしょう。

リーダーは、経験のある成熟したクリスチャンがよいでしょう。リーダーは、会話を方向づけしますが、目的はスモール·グループに「教える」ことではなく、スモール·グループの会話を引き出すことにあります。リーダーは、ゲストたち及びグループのヘルパー達に対する牧会的責任を負います。

ヘルパーは、生まれたばかりのクリスチャンであったり、アルファ·コースを終えたばかりの人びとであることも多くあります。このような人びとはとても興奮してわくわくしているし、難しい教会用語を使って新しく来たゲストたちを困惑させることもないので、スモール·グループにとって大切な役割を果たしてくれます。ヘルパーは、ゲストたちと友情関係を築きリーダーをサポートするという重要な役割を果たします。多くの場合、ヘルパー達は、ゲストが何を考えどう感じているかとてもよく分かるので、ゲストたちと一番うまく交わることができるのはヘルパー達なのです。

- 社交的で、忍耐強く、自信のある人を探す必要があります。

- 教会の中で既に行なわれている他の小グループ（地域や家庭集会）の中から、グループ·リーダー、ヘルパーを探すところから始めてみましょう。これらの人びとは、グループの中での振る舞いに慣れているばかりでなく、アルファ·コースが終った後にゲストたちが交わることのできるグループ設定をすでに持っているということになります。以前にグループをリードしたことのある人は、どのように、アルファ·グループのリーダーシップがユニークであるかを理解するために、アルファ·トレーニングに参加する必要があります。

コミットメント（約束）

グループのリーダーやヘルパーになるということは、大変大きな決意（コミットメント）です。チーム全員が、参加する前に、これを十分理解していなくてはなりません。チームのメンバーは以下のことを約束するということを明確にしておきましょう。

- 10週間のアルファ·コースに参加する

- 3つのトレーニング·セッション（コース開始前に2つ、アルファ・ウィークエンド、アルファ・デイの前に1つ）に参加する

- アルファ・ウィークエンド（アルファ・デイ）に参加する

- グループとの積極的な関係作りに参加する

- コース終了時のアルファ·セレブレーション夕食会に参加する

- コース終了後、ゲストと連絡を取り合う

- 毎日、グループのメンバー、一人ひとりのために祈る

もし、これらのことがグループに対してできないのであれば、ゲストもアルファ・コースに積極的に参加することはできません。。ですから、チーム・メンバーがこれらの責任を理解して行なうことが、大変重要なこととなってきます。

タスク・フォースを作る

タスク・フォースを大切にしましょう。タスク・フォースの人びとは、毎週のアルファ・セッションで、あなたが、すべての雑務的な仕事をお願いする人びとです。33ページのタスク・フォース・チェックリストに、彼らがするべき仕事のリストが載っています。

コースの期間中、タスク・フォースにはアルファ・リーダーやヘルパーの持つ牧会的責任はありませんが、コースに奉仕する責任があります。

自分の家でコースを開いているとしても、一人か二人の人がコースの雑務的な面のお手伝いをしてくれると大変助かります。セッションが終った後、まだ洗わなければならないお皿が残っていることほど大変なことはありません。このような形で、コースに関りたい人も教会にいらっしゃると思います。そのような人を集めて、タスク・フォースとしてお手伝いしていただきましょう。

タスク・フォースのグループをつくることもできます。アルファ・ウィークエンド（アルファ・デイ）にも参加してもらいましょう。タスク・フォースの人数が多いようであれば、牧会的な心を持った人を、タスク・フォース・グループのリーダーにするとよいでしょう。

タスク・フォースの一人に書籍販売をしてもらうよう頼む

書籍販売コーナーでは、責任感のある人がこれに携わる必要があります。タスク・フォースの一人に、書籍販売をする責任者となってもらうよう、頼んでみましょう。

書籍販売をする人は、次のことをしなければなりません。

- 毎週、推薦図書のリストをチェックする（付録3を参照）

- アルファの書籍販売店から、本を入手する

- 書籍代を受け取り、会計に渡す

- 売れなかった本を、販売店に返品する

詳細は、アルファ・ジャパン事務局にご連絡ください。

トークを録音する

ビデオを使わずにトークをする場合には、書籍販売をしている人にトークをテープに録音してもらうよう頼みましょう。そうすれば、欠席してその日のセッションに参加できなかった人も、次のセッションの前にトークを聞くことができます。

スモール・グループのリーダーとヘルパーに『人生の疑問』を読むように勧める

『人生の疑問』は、アルファ・コースのトークが本となって出版されたものです。ですから、アルファ・グループのリーダーとヘルパーはこの本を読んでおくことをお勧めします。（付録2参照）。

毎週の夕食をどのようにまとめていくかの計画を立てる

スモール・グループ内での友情関係が育まれるのは食事のときですから、食事はアルファ・コースの重要な要素となります。グループの関係作りを助ける特別なエネルギーが、食事を共にすることにより働きます。その準備にひるまないでください。シンプルでよいのです。しかし、質のよいものを作るようにしましょう。コースの開催場所で使える食器やケータリングの用具などにどのようなものがあるのか調べておきましょう。

実際的なこととしては、ナイフ、フォーク、スプーン、食器などが十分にあるようにすること、(分かっていればベジタリアンの人のための食事も考えておくこと) などです。

食事を準備する 4 つの方法

1. スモール・グループが一つだけなら、毎週順番にメンバーの内の一人が食事を提供するという方法があります。まず、リーダーとヘルパーに頼むところからはじめ、第 5 週以降に喜んでやってくれそうなゲストの一人に頼んでみましょう。予算は控えめにし、ゲストには食事に対する自由献金を募ることもできるでしょう。

2. スモール・グループがいくつかあるようであれば、ひとつのグループに食事の準備をしてもらうように頼むこともできます。これはグループにとっても楽しく、メンバー同士が知り合うのにもとてもよい方法です。また、自由献金のためのかごを出しておきましょう。

3. 毎週あるいは当番制で、食事の準備を一緒に喜んでしてくれる教会のメンバーをケータリング・チームとして持つ方法もあります。

4. 120 人以上の大規模なコースでは、プロのケータリング・サービスが必要です。しかし、食事の費用をつり上げてしまうのがこの方法の難点です。

決まった金額（例えば 1 週間に、約 300 円〜500 円）を支払える人に支払ってもらうことにより、食事のコストをカバーし、余った金額は他の支出のためにとっておくこともできます。

準備

2 週間前

日付＿＿＿＿＿＿＿＿＿＿＿＿＿＿＿＿

チェックリスト

■ アルファについてのお知らせのチラシと、ゲスト礼拝の招待状を礼拝の時の週報にはさむか、口頭でお知らせする。

■ アルファ・トレーニング　1:「スモール·グループを導く」

■ すべてのリーダーとヘルパーを各スモール·グループに割り当て、タスク・フォースを決定する。

■ 最初のアルファ·コースを行なう日に、入り口から部屋までゲストを案内する案内係を、グループのヘルパーにお願いする。

アルファのお知らせのチラシを、教会の週報などにはさみこむ

キリスト教の信仰をもっと知りたいと思っている人びとに、アルファがキリスト教の信仰への実際的な導入部分であることをお知らせします。

また、次の週には、友人や家族を招待することができるアルファ・ゲスト礼拝を行なうことをお知らせしましょう。信徒の方々には、彼らが招待したいと思っている人びとのために祈り、その人たちを招待するように励ましましょう。

アルファ・トレーニング　１：「スモール·グループを導く」

アルファ・トレーニングは、コースの前に必ず毎回行い、以前にこのトレーニングを受けていたとしても「すべての」チーム·メンバーが必ず参加します。ここでは、以前にスモール·グループをリードしたことのある人たちが、新しいリーダーやヘルパーに彼らの経験や学んだことを分かち合うことができます。このトレーニングは、チームに一致を与えるだけではなく、スモール·グループを成功させ牧会ケアや伝道がスムーズに行なわれるために大きな影響を与えます。もしトレーニングに参加できないメンバーがいたら、トレーニングのテープかビデオを見てもらいましょう。

アルファのスモール·グループをリードすることは、教会の他の小グループをリードするのとはいくらか違います。ですからこのトレーニングは、アルファのスモール·グループをどのように導くかを学ぶガイドラインとして作られています。

トレーニングのスケジュールの例

7:00pm　夕食
7:30pm　賛美
7:40pm　トーク：スモール·グループを導く
9:00pm　質疑応答
9:30pm　終了

ここでは集まった人に次のものを配り記入してもらいましょう。

- スモール·グループのリーダーとヘルパーの住所リスト（書式 1）
- 招待したゲストの細かい情報を書き込むためのゲストの情報リスト（書式 2）

すべてのリーダーとヘルパーをスモール·グループに割り当て、タスク・フォースを決定する

これは、コースを成功させるための重要なキーポイントとなります。誰と誰が一緒に働けばうまく行くか、そのバランスがうまく取れるようにグループを決めるためには、ある程度時間をかける必要があります。

- どれくらいの年齢層の人がグループにいるのかを心に留めておきましょう。もし可能ならば、リーダーとヘルパーもだいたい同じ年齢層の人を配置するとよいでしょう。

- 12 人のスモール·グループの中に、2 人のリーダー、2 人のヘルパーが必要です。
  例えば：
  　＊　一組の結婚したカップルと独身の男性と女性のヘルパー
  或いは
  　＊　一人のリーダー（男性か女性）一組の結婚したカップルともう一人のヘルパー

- 現在交際をしているカップルは、コース期間中に交際をやめる可能性もあるので、同じグループのリーダー、もしくはヘルパーとして配置しない方がよいでしょう。

- コースの直前に、グループのメンバーを入れ替えたりするときのことを考えて、この時点で決めたグループが最終決定ではないことをはっきりと伝えておきましょう。

コースの初日に、ヘルパーに案内係をお願いする

コースに参加する人数によっては、アルファ・コースの初日には、ゲストを入り口からスモール・グループまで案内する「案内係」が必要になってくるかもしれません。案内係は、スモール・グループのヘルパーたちが担当します。いらっしゃったすべての人に対応できるように、案内係は、男性と女性、様々な年齢層の人にお願いするとよいでしょう。更に詳しくは、アルファ・コース初日の項を参照してください。

準備

1週間前

日付______________________

チェックリスト

■ アルファ·トレーニング2:「牧会ケア」

■ アルファ·コース開始の前の日曜日にアルファ·ゲスト礼拝を行なう

■ 登録したゲストを、スモール·グループに分ける

■ 食事の準備のために、ゲストの参加人数のおおまかな最終決定を出す

■ スモール·グループ分け、及びグループ別のディスカッションをする場所をお知らせする標示サインを作成する

アルファ・トレーニング　2:「牧会ケア」

7:00pm	夕食
7:30pm	賛美
7:40pm	トーク:「牧会ケア」
9:00pm	質疑応答
9:30pm	終了

このトレーニングでは、次のものを配布してください。

- 彼らが招待したゲストの詳細を書き込むためのゲスト情報リスト（書式 2）
- アルファ・コース初日に案内係になるヘルパーのリスト。同時に、案内係が何時までにその場所にいなくてはならないか確認する。
- リーダーとヘルパーの割り当てを書いたスモール・グループのリスト。これは解散する前にスモール・グループごとに集まってグループのために祈るときの助けとなります。

スモール・グループはコース開始前に変更になる可能性もあることを伝えておきましょう。

アルファ・コースが始まる前の日曜日に、アルファ・ゲスト礼拝を行なう

アルファ・ゲスト礼拝は、人びとをアルファ・コースに参加するように勧める重要な機会のひとつです。礼拝の内容は、通常の礼拝と同じであるべきですが、以下の点が異なってきます。

1．礼拝の中で、アルファ・コースの簡単な説明と、次のアルファ・コースがいつ行なわれるかをお知らせする。（「アルファの A は･･･」というように覚えやすい言い方をするのもよいでしょう。詳しくは、ニッキー・ガンベル著『さあ、伝えよう！』第 3 章を参照してください。）

2．説教の前に、コースを終えたばかりの一人か二人の人に前に出てもらい、インタビュー形式で証ししてもらうのもよいでしょう。次のような質問が適しています。

* アルファ・コースに参加する前、あなたは教会に通っていましたか？
* どのようにして、アルファ・コースを知りましたか？
* アルファ・コースはどのようなものでしたか？
* コースで、どのようなことがあなたに起こりましたか？
* あなたの生活や人生に、イエス様はどのような変化をもたらしましたか？
* アルファ・コースをまだ受けていない人に、あなたはどのようなことを言いますか？

インタビューの目的は、彼らにアルファ・コースのことを話してもらうことではなく、イエス様について話してもらうことです。

3．説教は、福音を明確に示すものであるべきです。（ニッキー・ガンベル著『さあ、伝えよう！』第 9 章を参照してください)。

次のものを準備する必要があります。

- 礼拝時に渡す印刷物と一緒に配るアルファ・コースのパンフレット

- 礼拝終了後、質疑応答の時間を設けます。ゲストの方に分かりやすいように、アルファのロゴ入りトレーナーなどを着てもよいでしょう。

- ゲストに礼拝終了後、無料で配布するための小冊子『なぜ、イエス様？』

ゲスト礼拝の例

6:30pm　歓迎の挨拶とよく知られた賛美歌、聖歌
6:35pm　アルファの説明と、一つか二つの証し
（このとき、教会の他のお知らせと合わせない方がよいでしょう）
6:45pm　祈り　ー　礼拝に来られたゲストのためというよりは、広く世界に向けた、簡潔な祈りがよいでしょう。
6:50pm　賛美と礼拝
7:05pm　説教　ー　伝道的で、応答したくなるようなスタイルで
説教の後に、招きの祈りをするよい機会です。（『なぜ、イエス様？』を参照してください）。
7:35pm　賛美歌、聖歌
7:40pm　祝祷。その場に適していれば、個人的に祈る旨を伝える。

登録したゲストをスモール・グループに分ける

- 最初はたった一つしかスモール・グループを作れないかもしれません。その場合には、ゲストをスモール・グループに分ける必要はありませんのでこの問題は省けます。コースがだんだんと大きくなり、参加者の人数が増えたら、できるだけ同じ年齢層の人を同じグループにするようにしましょう。また、可能であれば男女の比率もバランスが取れるようにしましょう。

- ゲストがそれぞれどのグループに入るのが一番よいか、祈って導きを求めましょう。

- いざ、それぞれのゲストをスモール・グループに分けようとすると、ゲストの名前や住所や性別や大体の年齢以外には、その方々についてほとんど情報がないということに気づくでしょう。しかし、ほとんどのゲストが友人の紹介でコースに参加しています。ですから、ゲストをコースに紹介した人に、ゲストについてもう少し尋ねれば、ゲストについてもう少し情報を得ることができ、更に効果的なスモール・グループ分けをすることができるでしょう。例えば、同じような仕事をしていたり、同じような趣味を持ったりする人を同じグループにすることが可能になるわけです。

- 結婚したカップルは、特別なリクエストがないかぎり、同じグループにするのがよいでしょう。もし別のグループを希望してきた場合には、ご夫婦は同じグループにいることが望ましいと勧めましょう。ご夫婦には一緒に成長して欲しいのです。

- 友人同士でコースに参加する人がある場合には、彼らが同じグループを希望するかそれとも別のグループを希望するか、彼らに直接尋ねてみましょう。

- ぎりぎりまで最終決定をしません。たくさんの人が、アルファ・ゲスト礼拝後に登録用紙を提出したり電話でコース登録をします。コースの初日に電話をしてくる人もあります。彼らが到着するまでに、彼らのスモール・グループを決めておくことは、グループに迎えられていることを伝えるためにも大変大切です。

食事準備のために、ゲストの参加人数のおおまかな最終決定を出す

コースに登録していない人が初日に現れたり、登録していた人がキャンセルしたりすることもあることを心に留めておきましょう。

スモール・グループ分け、及びグループ別のディスカッションの場所をお知らせする標示サインを作成する

このサインには、(もし、四つ以上のグループがある場合には) グループの番号と、そのグループのリーダーの名前を書いておきます。こうすれば、ゲストがどこに座ればいいのか分かりやすくなります。

また、教会の駐車場や受付、お手洗いなどのサインも作っておきましょう。

ゲストを入り口で歓迎する人を選び依頼する (受付)

アルファ・コース

毎週のアルファ・コース

アルファのセッションをスムーズに行なうために、毎週様々なことをする必要があります。
アルファ・コースは、大まかなガイドラインとして次のようなタイムテーブルに沿って行なわれます。地域などの実情に合わせ適宜変更して使ってください。

6:15pm	リーダー・ヘルパーとの祈りと運営管理ミーティング
7:00pm	夕食
7:40pm	歓迎 ＊お知らせ ＊推薦図書の紹介 ＊ジョークなどで雰囲気をなごませる
7:50pm	賛美
8:00pm	トーク
8:45pm	コーヒー・ブレイク
9:00pm	スモール・グループによる話し合い
9:45pm	終了

リーダーとヘルパーの祈りと運営管理ミーティング

このミーティングは、毎週、実際のアルファがスタートする前に必ず行ないます。チームの中の全員が参加できないのであれば、各スモール・グループから最低でも一人のメンバーが参加するようにしてください。このミーティングには、次の二つの目的があります。

- その日のコースのために祈ります。
- アルファ・ウィークエンド（アルファ・デイ）についてお知らせをしたり、一般的な運営管理のポイントについてお知らせします。

初日にはセッションが終った後にも集まり、その日のセッションがどのようであったか話し合いましょう。
チーム・メンバーの一致がとても重要です。チーム・メンバーの関係がコースの最中にゲストたちに多大な影響を与えるということが、実際に行なってみるとよく分かるでしょう。

配布物

毎週、リーダーに配らなければならないフォームがあります。毎週のチェックリストに、そのフォームはリストアップされています。フォームの原紙は、このハンドブックの最後にあります。

お金について

毎週の夕食の費用をカバーするために、夕食を置くテーブルに自由献金のための箱（かご）を置きましょう。
外部から夕食をケータリングする場合は、業者かそれを立て替えた人に必要経費を支払います。

書籍販売コーナー

書籍を販売する所には、その週に推薦される本の在庫を必ず置いておきます。(付録3に推薦図書のリストがあります)。

タスク・フォース

タスク・フォースが毎週するべきことはたくさんあります。次のページのチェックリストは、毎週行なわなければならないコースの実際的な面をすべてカバーできるように作られています。これをコピーし、これに沿って毎週のコースの実際的な準備をしてください。

タスク・フォース　チェックリスト

日付＿＿＿＿＿＿＿＿＿＿＿＿＿

- ■ 椅子を並べ、各スモール･グループがどこに座るかを示すサインを掲示する。
- ■ 各グループに十分行き渡る、聖書とアルファ･コース･マニュアルを用意する。
- ■ 部屋が快適な温度に保たれるようにし、照明も適切に調整する。
- ■ 車の駐車を手伝う。
- ■ ビデオを使う場合には、ビデオデッキとテレビを設置する。
- ■ ビデオを使わない場合は、講師のためにマイクと講壇をきちんと設置し、使いやすいようにテストしておく。また、講壇に水を用意しておく。
- ■ 書籍販売をする場を設置し、終了後にはかたづける。
- ■ 夕食時、また、コーヒー･ブレイクの時に、食べ物や飲み物を準備したり、よそったりする。
- ■ セッションが終了したら、開催場所と、各スモール･グループが使った部屋とを片づける。

アルファ・コース

第1週　－　イエスとは？

日付＿＿＿＿＿＿＿＿＿＿＿＿＿

エキサイティングなときが、いよいよ来ました。予期せぬでき事はいつも起こるということを心に留めておきましょう。翌週もう一度人びとが足を運ぶかどうかを決める、とても大切な時間となります。

チェックリスト

■　ゲストを入り口で歓迎する係を選び、依頼する（受付）

■　登録してあるゲストのリストを、受付担当者に渡す

■　ゲストを受付からスモール・グループまで案内する案内係に指示を出す

■　名札を準備する

■　アルファ・マニュアルをすべてのゲストとリーダーとヘルパーに配る

■　食卓に、自由献金の箱（かご）を用意する

■　リーダーとヘルパーとの祈りと運営管理ミーティングの準備をする

配布物

■　住所リスト（書式3）

ゲストを入り口で歓迎する数名の人を選び、依頼する（受付）

コースに登録している人数にかかわらず、少なくとも一人か二人の明るく元気で快活な人を、最初の2、3回のセッションでは、入り口でゲストを歓迎するために配置するべきです。二人くらいのヘルパーに頼んでもいいですし、教会の他の信者の方に、その晩来て頂くように手配してもよいでしょう。

登録してあるゲストのリストを、受付担当者に渡す

コースの参加人数が多ければ、受付には次の二つのリストをクリップ·ボードにはさんで用意しておく必要があります。

- 登録してあるゲストがどのスモール·グループに配置されているかを明記した、あいうえお順のリスト

- スモール·グループごとの細かい情報　－　平均年齢や男性女性の割合。このリストは、事前に登録していないゲストがその晩いらっしゃったときに、その方々をグループに割り振るのに便利です。

すでに登録してあるゲストが当日来ないこともあるということを心に留めておきましょう。同様に、登録していない人も、当日来る可能性もあります。

ゲストを入り口からスモール·グループまで案内する案内係に指示を出す

コースの参加人数が多ければ、初日に案内係が必要です。何人かのグループのヘルパーに、この係をお願いしましょう。

この仕事は、受付の人からゲストを引き受け、コートを掛け、名札を取って渡します。それからその人のスモール·グループのリーダーに紹介します。案内係の仕事をこのようにシステム化することによって、ゲストは、その場に着いた瞬間から歓迎されているという印象を持ちますし、プロフェッショナルな印象を受けます。案内係は、ゲストに話し掛けて気持ちをほぐします。しかし、プレッシャーを与えることがあるので、キリスト教についてはこの場では話さないほうがよいでしょう。

名札を準備する

少なくとも最初の 2 週間は、名札を用意しておくのがチームにとってもゲストにとっても便利です。そうすれば、何度も名前を尋ねるということをしなくてすみます。

これらの名札は、前もって準備しておく必要があります。また、登録していない人が来たときのために、余分に名札を用意しておくのがよいでしょう。そのような方々の名前をひかえておいて、翌週には名札を準備しておきましょう。

アルファ·マニュアルをすべてのゲストとリーダーとヘルパーに配る

一人ひとりのゲストに、アルファ·マニュアルを配り、それは家に持って帰ってよいもので、自由に書き込みをしてよいということを説明しましょう。予算が許せば無料でこのマニュアルをゲストにあげることを勧めます。(アルファ著作権の説明　73 ページを参照してください)。

食卓に、自由献金の箱（かご）を用意する

かごを置くことによって、ゲストに食事の費用のための自由献金を促すことができます。もし、決まった金額（例えば500円など）をお願いするのであれば、お知らせのために小さな紙などをそこに貼っておくとよいでしょう。

リーダーとヘルパーの祈りと運営管理の会議の準備をする

リーダーとヘルパーにお知らせすべきことのメモ、例えば記入してもらう用紙やその晩の祈りの課題などを作っておきましょう。

配布物

住所リスト（書式3）

このリストは、来なくなった人を追いかけたり電話をしたりするためのリストではなく、コースの責任者とリーダーだけがこのリストを持っているのだということを強調するのを忘れないようにしましょう。もし、コースに再び来ない人がいても、何週間にも渡ってよい友情関係がリーダーかヘルパーの一人と築かれていないかぎりは、特にその人に連絡を取るべきではありません。

この住所リストは、リーダーによって新しいインフォメーションがもたらされるごとに、毎週新しく責任者が書き換えます。

アルファ・コース

第2週　－　イエスの死とは？

日付________________________

チェックリスト

■　名札を準備する

■　標示サインを準備する

■　タスク・フォースに彼らのチェックリストを渡す

■　食卓に自由献金の箱（かご）を置く

■　祈りと運営管理ミーティングの準備をする

配布物

■　新しい情報が書き込まれた住所リスト（書式3）－　各スモール・グループに1枚

名札を準備する

第 1 週に登録していなかった人たちの名札を必ず準備しましょう。

アルファ・コース

第3週　−　確かに信じるには？

日付________________________

チェックリスト

- ■ 名札を準備する
- ■ 標示サインを準備する
- ■ タスク・フォースに彼らのチェックリストを渡す
- ■ 食卓に自由献金の箱（かご）を置く
- ■ 祈りと運営管理ミーティングの準備をする
- ■ ビデオを使わない場合には、「世の光」の絵のコピーを用意しておく
- ■ アルファ・セレブレーション夕食会の計画を始める
- ■ ハンドブックのアルファ・ウィークエンド（アルファ・デイ）の項目を復習しておく

配布物

- ■ 新しい情報を書き込んだ住所リスト（書式3）
- ■ アルファ・ウィークエンド（アルファ・デイ）の用紙（書式4か5）
- ■ アルファ・ウィークエンドのために集めるお金を入れる封筒

ビデオを使わない場合には、「世の光」の絵のコピーを用意する

祈りと運営管理ミーティング

翌週には名札を用意しないということのお知らせと、アルファ・ウィークエンド（アルファ・デイ）についての指示をリーダーとヘルパーにする。

アルファ・セレブレーション夕食会の計画を始める

- ゲスト･スピーカーを招く計画をしているなら、その方を招待する手配をする
- 借りなくてはならない機材があるのであれば、その手配をする
- 必要であれば、ケータリング・サービスを手配する
- 花やキャンドルやテーブルクロスなど、夕食会を特別にするために必要なものをすべて手配する

配布物

アルファ・ウィークエンド（アルファ・デイ）の用紙（書式 4 か 5）

書式 4 は、アルファ・ウィークエンドの予約を受ける用紙です。この用紙を使って、誰が参加費を支払ったかチェックすることができます。アルファ･デイを行なうのであれば書式 5 を使ってください。

誰も金銭的なことが理由で、アルファ・ウィークエンド（アルファ・デイ）に参加できないということがないようにスモール･グループのリーダーにしっかりと伝えます。サポート基金のようなものを用意しておき、アルファ・ウィークエンド（アルファ・デイ）のための参加費を集めるときに、参加費を払う余裕のない人に補填すればよいでしょう。

アルファ・ウィークエンド（アルファ・デイ）が行なわれるまで、この用紙を配りつづけます。

お金を集める封筒

参加費を集めるための封筒をグループ･リーダーに渡します。アルファ・ウィークエンド（アルファ・デイ）まで、この封筒を配りつづけます。

アルファ・コース

第4週　－　聖書を読むには？

日付________________________

チェックリスト

■　標示サインを用意する

■　タスク・フォースにチェックリストを渡す

■　食卓に自由献金の箱（かご）を置く

■　ハンドブックの、アルファ・ウィークエンド（アルファ・デイ）の項を復習しておく

■　アルファ・セレブレーション夕食会の招待状を準備する

■　書籍販売コーナーに、十分な数の聖書を揃えておく

配布物

■　リーダーとヘルパーに完成された住所リストを渡す

■　アルファ・ウィークエンド（アルファ・デイ）の用紙（書式4か5）

■　お金を集める封筒

アルファ・セレブレーションタ食会の招待状を準備する

第 7 週には、コース終了後に行なうアルファ･セレブレーションタ食会への招待状を配り始めなければなりません。

あなたの招待状をデザインして、準備しましょう。例えば、以下のようなものでもよいでしょう。

「キリスト教とは？」

講演者：ｘｘｘ師

日付：＿＿＿＿＿＿＿＿＿

時間：＿＿＿＿＿＿＿＿＿

場所：＿＿＿＿＿＿＿＿＿

夕食会を兼ねたこの講演会に、お気軽にご参加ください。

TEL　xxx－xxxx まで、ご連絡ください。　　地図は裏面

アルファのロゴをどこかに入れ、裏面には開催場所の地図を入れましょう。

アルファ・コース

第5週　－　神に祈るとは？

日付＿＿＿＿＿＿＿＿＿＿＿＿＿＿＿

チェックリスト

■　標示サインを準備する

■　タスク・フォースにチェックリストを渡す

■　食卓に自由献金の箱（かご）を置く

■　ハンドブックのアルファ・ウィークエンド（アルファ・デイ）の項を復習しておく

配布物

■　アルファ・ウィークエンド（アルファ・デイ）の用紙（書式4か5）

■　お金を集める封筒

アルファ・コース

第6週　－　神の導きとは？

日付＿＿＿＿＿＿＿＿＿＿＿＿＿

チェックリスト

■　標示サインを準備する

■　タスク・フォースにチェックリストを渡す

■　食卓に自由献金の箱（かご）を置く

配布物

■　アルファ・ウィークエンド（アルファ・デイ）の用紙（書式4か5）

■　お金を集める封筒

アルファ・コース

第7週　－　悪に対抗するには？

日付＿＿＿＿＿＿＿＿＿＿＿＿＿＿

この学びは、理想的には、アルファ・ウィークエンド（アルファ・デイ）の後に行なうのがよいでしょう。必要であれば、「神の導きとは？」のトークと「悪に対抗するには？」のトークを入れ替えてもよいです。

チェックリスト

- 標示サインを準備する
- タスク・フォースに彼らのチェックリストを渡す
- 食卓に自由献金の箱（かご）を置く
- アルファ・セレブレーション夕食会のメニューを最終決定し、一人あたりいくらかかるか、スモール・グループのリーダーに知らせる

配布物

- アルファ・セレブレーション夕食会の招待状

アルファ･セレブレーション夕食会の招待状

アルファ･セレブレーション夕食会の招待状をスモール･グループで配り始めます。

グループ･リーダーは、自分のグループの参加者（ゲスト）とヘルパー達に、この夕食会に誰を招待したいか考え始めてもらうように伝えます。

アルファ･セレブレーション夕食会のメニューを最終決定し、一人あたりいくらかかるか、スモール･グループのリーダーに知らせる

アルファ･セレブレーション夕食会の食事の準備としては、近隣のケータリング･サービス業者に頼むか、教会のケータリング･チームに協力してもらうかの二通りがあります。

これ以外の方法としては、各グループのゲストに、そのグループのメンバーとその人たちが連れてくるゲストの分の食事を各自用意してきてもらうこともできます。こうすれば、一人あたり食事のためにかかる費用も安く済みます。

この食事会を、ゲストたちが忘れることのできないとても特別な時間にするのがこの夕食会の目的です。

アルファ･コース

第 8 週　－　イエスを伝えるとは？

日付＿＿＿＿＿＿＿＿＿＿＿＿＿＿

チェックリスト

■　標示サインを準備する

■　タスク・フォースに彼らのチェックリストを渡す

■　食卓に自由献金の箱（かご）を置く

■　十分な数のアルファ･セレブレーションタ食会の招待状を準備しておく

配布物

■　アルファ･セレブレーションタ食会の用紙（書式 6）

■　アルファ･セレブレーションタ食会のためのお金を集める封筒

夕食会の用紙（書式 6）

夕食会の用紙を使うことによって、コース終了後に行なうアルファ･セレブレーション夕食会に大体何人のゲストがくるか予想を立て始めることができます。この夕食会に招かれるゲストの名前や詳細などは知る必要はありません。

アルファ･セレブレーション夕食会のためのお金を集める封筒

もしケータリング業者に頼んで食事を用意してもらうなら、それにかかる費用は彼らが招待する友人や家族の分も、そのグループのリーダーとヘルパーとゲストが支払います。毎週この封筒を配り、費用を募りましょう。

しかし繰り返して言いますが、すべての人がこの夕食会に招かれていることをはっきりと伝えなければなりません。招待したい人がいるのに、その人の分のお金を払えないという理由で友人を招待できないということが決してないようにしなければなりません。第 10 週には、不足金額をカバーするためにサポート基金への支援を呼びかけます。

アルファ・コース

第9週　－　神のいやしとは？

日付＿＿＿＿＿＿＿＿＿＿＿＿＿

チェックリスト

■ 標示サインを準備する

■ タスク・フォースに彼らのチェックリストを渡す

■ 食卓に自由献金の箱（かご）を置く

■ いやしについてのトークの備えとして、神様がチームに知識の言葉と幻を示してくださるように願い求めることを心に留めるように、祈りと運営管理ミーティングの中で伝える

■ リーダーとヘルパーに、サポート基金への支援の時間が翌週あることを伝える

■ アルファ・セレブレーション夕食会の招待状を用意しておく

配布物

■ アルファ・セレブレーション夕食会の用紙

■ お金を集める封筒

■ ゲストたちへのアンケート（書式 7）

ゲストたちへのアンケート（書式 7）

コースの終わりに、フィードバックをもらうためにこのアンケートを配ります。このアンケートによって、コースをよりよいものに改善していくことができます。私たちは、細かな改善をコースに加えるために、様々なアンケートをしてきました。

このアンケート結果は、アルファ・セレブレーション夕食会や将来のアルファ・ゲスト礼拝で証しする人を選ぶのにも役立ちます。

アルファ･コース

第10週　－　教会とは？

日付＿＿＿＿＿＿＿＿＿＿＿＿

チェックリスト

■　標示サインを準備する

■　タスク・フォースに彼らのチェックリストを渡す

■　食卓に自由献金の箱（かご）を置く

■　アルファ･セレブレーションタ食会のために必要な金額の不足分をカバーするためのサポート基金への支援を募る

■　アルファ･セレブレーションタ食会の招待状を用意しておく

■　セッションの後、セレブレーションタ食会に参加人数を最終決定する

■　セッションの後、リーダーとヘルパーとタスク・フォースに、感謝の意を表すカードを書く

■　次のコースのために、必要であればアルファ･コース運営ハンドブックを新しく購入しておくことを忘れない

配布物

■　アルファ･セレブレーションタ食会の用紙

■　お金を集める封筒

■　フォローアップ･プログラム（追加プログラム）の詳細

■　ゲストたちへのアンケート

■　リーダーたちへのアンケート

アルファ・セレブレーション夕食会のために必要な金額の不足分をカバーするためのサポート基金への支援を募る

運営管理ミーティングで、不足分をカバーできるだけの献金が集まることを祈りましょう。アルファ・コースに参加している方々に不足分がいくらなのかを知らせ、それから献金を募りましょう。

配布物

フォローアップ・プログラム（追加プログラム）の詳細

コースを終えたどのゲストも、引き続き牧会ケアを受けつつ導かれて、教会につながっていくことが大切です。教会のシステムや構造を見極め、どのようなフォローアップ・プログラムが最も適しているかを決めましょう。

ゲストを教会のホーム・グループ（家庭集会）などの小グループを紹介したり、スモール・グループのメンバーをもとにして新しい家庭集会などを作ることも可能です。

リーダーたちへのアンケート　（書式8）

この用紙は、グループ・リーダーからフィードバックをもらうのに適しています。このアンケートにより、次のコースで誰がヘルパーに向いているかや誰が証しするのに適しているかを知ったり、そのグループのどのゲストが、家庭集会やフォローアップ・プログラムに参加する予定でいるかを知ったりすることができます。

アルファ・セレブレーション夕食会

キリスト教とは？

日付＿＿＿＿＿＿＿＿＿＿＿＿＿＿

アルファ・セレブレーション夕食会は、そのコースに参加したゲストにとって、アルファが一体どういうものであるかを友人や家族に見ていただくための素晴らしい機会です。多くの場合、この夕食会に招待された人びとは、次のコースにゲストとして参加します。ですから、アルファのパンフレットと『なぜ、イエス様？』『なぜ、クリスマス？』を無料配布するために十分に用意しておきましょう。

再度言いますが、おいしい食事と素晴らしい雰囲気を作るために、私たちは最善の努力をする必要があります。花やキャンドルやテーブルクロスなどが、普通の夕食とは違った雰囲気をかもしだしてくれます。この夕食会が特別な夕食会であるように仕上げることが大切です。

チェックリスト

■ セレブレーション夕食会に参加する人数を最終決定する

■ 証しのために、コースに参加した一人か二人の人を選ぶ

■ トークのあと無料配布するために、アルファの小冊子『なぜ、イエス様？』『なぜ、クリスマス？』（季節に応じて）を十分な数用意しておく

■ 新しく来たゲストのために、入り口やトイレなどの必要な場所に標示サインを掲示しておく

■ タスク・フォースに、アルファ・セレブレーション夕食会の準備のためのチェックリストを渡す

■ 各グループをテーブルごとに分け、その配置図を作成する

■ スモール・グループのリーダー、ヘルパー、タスク・フォースに感謝の意を表すカードを書く

タイムテーブル

7:15 pm ゲスト到着
彼らを招いた人のいるテーブルに案内します。

7:30 pm 食事の配膳
クラシック音楽かジャズなどをBGMとして流してもよいでしょう。

8:30 pm 感謝
タスク・フォースや他のチーム･メンバーに感謝の意を表するよい機会です。

8:35 pm 証し
アルファ･コースを終えたばかりの一人か二人の人にインタビューします。

8:50 pm トーク 「キリスト教とは？」

9:30 pm コーヒー
小冊子『なぜ、イエス様？』『なぜ、クリスマス？』を配り、次のアルファ･コースへの招待状を渡します。

10:00 pm 終了
ゲストが十分おしゃべりできるように、しかし同時にタスク・フォースが後片づけをするためあまり遅くならないように、そのバランスをとる必要があります。

セレブレーション夕食会の参加人数を最終決定する

最終的な参加人数がわかったら、ケータリング業者か食事を準備するケータリング･チームに知らせましょう。

証ししていただくために、コースに参加した一人か二人の人を選ぶ

アルファ･ゲスト礼拝で、アルファ･コースを終えた人にインタビュー形式で証しして頂いたのと同じような形で行ないます。セレブレーション夕食会で、コースを終えたばかりの人にインタビューして証ししてもらいましょう。

これらのインタビューを受けるのに適している人は、このコースに価値を見出し神様によって人生が変えられた人です。これらの証しは、簡潔で誠意がこもっており、できればユーモアなども交えるのがよいでしょう。

次のような質問を夕食会のホスト（司会者）がするとよいでしょう。

* アルファ･コースに参加する前、あなたは規則的に教会に通っていましたか？
* アルファ･コースのことをどうやって知りましたか？
* アルファ･コースとはどんなものでしたか？
* コースの中で、どんなことがあなたに起こりましたか？
* あなたの生活や人生において、イエス様はどのような違いをもたらしましたか？
* アルファ･コースをまだ受けていない方たちに、あなたは何と言いますか？

各グループをテーブルごとに分け、その配置図を作成する

もし2グループしかないようであれば、特に配置図を作成する必要はありませんが、できるだけメンバーと彼らの招待したゲストが同じテーブルになるようにしましょう。

スモール・グループのリーダーとヘルパーとタスク・フォースに感謝の意を表すカードを書く

　これからもアルファ・コースに更に深く係わっていただくよう、チーム・メンバーを激励することは、とても大切なことです。ですから、今まで彼らが深く係わってくれたことに感謝の意を表しましょう。ゲストのアンケートの中から彼らの励みとなるような言葉を引用して、カードに書くのもよいでしょう。

タスク・フォース
アルファ・セレブレーション夕食会

日付＿＿＿＿＿＿＿＿＿＿＿＿＿

チェックリスト

■ 運営委員の作成したテーブル配置図に従い、テーブルや椅子をグループごとに並べる

■ 花やキャンドルやテーブルクロスなどを使って、各テーブルを特別の夕食会に見えるように飾りつける

■ 室内の空調を適切に調整する

■ 車の駐車を手伝う

■ ビデオを使うのであれば、ビデオデッキ、テレビを設置する

■ ビデオを使わない場合には、講師のためにマイクと講壇をきちんと設置し、使いやすいように事前にチェックしておく。また、講壇に水を用意しておく

■ 夕食の準備と配膳の手伝い（テーブルごと）を夕食のときにする。また、トークの後にコーヒーを配る手伝いをする

■ セッションが終ったら、その場所の後かたづけをする

アルファ・ウィークエンド

基本事項

日付＿＿＿＿＿＿＿＿＿＿＿＿

（アルファ・デイに関しては65ページからの項を参照してください）

費用

アルファ・ウィークエンドの費用は、できるだけ抑えるようにしましょう。できれば、15,000円以内がよいと思います。参加したいのに、金銭的な理由で参加できないということが、極力ないようにしましょう。

費用に対する負担感は人それぞれです。払える金額を支払ってもらうようにしましょう。例えば目安として、実家で週末を過ごすときに使う金額程度と考えてもよいでしょう。

アルファ・ウィークエンドの最終日である日曜日の朝には、アルファ・ウィークエンドにかかった費用の不足分の金額を伝えた上で、参加している人全員からサポート基金への協力を募ります。神様はこのやり方にいつも栄光を現してくださいます。

土曜日の午後

土曜日の午後には、アルファ・ウィークエンドに参加している人を対象に、散歩やフットボールの試合などを企画するとよいでしょう。アルファ・ウィークエンドを行なう場所を選ぶときこのことを心に留め、その場所にある施設などをフルに活用しましょう。

土曜の夜のエンターテイメント

アルファ・ウィークエンドの、土曜の夕方に行なわれるトークの後、ゲストたちがリラックスできる機会をもちましょう。

参加人数が少ない場合には、どの年齢の方でも楽しめる簡単なゲームなどをするのがよいでしょう。

参加人数が多い場合には、ステージで出し物を披露しあうようなスタイルのエンターテイメントがよいと思います。この時間の目的は、「気持ちよく、快活で、楽しい」時間を持つことです。コースに参加している人の中には、驚くような特技や芸を持った人もいるかもしれません。

エンターテイメントの時間を計画準備する責任者を選び、企画者のための指示（付録4）のリストをコピーして渡しましょう。この人がその晩のホストつまり司会進行役となり、それぞれの出し物を紹介するとよいでしょう。

家族

教会からの立場として、私たちは家族との生活に重きをおきたいと思っています。今コースに参加しているゲストの家族は、たとえコースに参加していなくてもアルファ・ウィークエンドに積極的に参加してもらいましょう。トークの時間には参加する必要はありませんし、エンターテイメントや食事の時だけ参加してもらうこともできます。

子供たちのケアをする人を、アルファ・ウィークエンドの場所に用意しておくとよいでしょう。

時期

アルファ・ウィークエンドを行なう理想的なタイミングは、第 6 週と第 7 週の間です。もしくは第 5 週から第 8 週の間に行なわなければなりません。「悪に対抗するには？」のトークは、アルファ・ウィークエンドの直後に行なうのが理想的です。必要であれば、悪に関するトークと神の導きに関するトークを入れ換えて行なうことも可能です。

第 3 週から、アルファ・ウィークエンドの参加申込書を配り始め、早めにアルファ・ウィークエンドのために予定を空けておいてもらいましょう。

開催地

すでに、アルファ・ウィークエンドを行なうのによい場所をご存知かもしれません。もしアドバイスが必要であればアルファ・アドバイザーにご相談ください。

できるだけ早くに、開催場所に予約を入れることが重要です。よい場所は、早く予約が埋まってしまいます。

アルファ・ウィークエンドのタイムテーブルの例

次のタイムテーブルをアルファ・ウィークエンドの２週間前にゲストたちに配りましょう。表にはタイムテーブルを、裏には開催地の地図や、交通手段などを入れましょう。

アルファ・ウィークエンド　タイムテーブル

金曜日

6:30　pm〜	到着
8:00　pm〜10:00　pm	夕食
9:45　pm	アルファ・ウィークエンドの簡単な案内

土曜日

8:30　am	朝食
9:30　am	賛美
	聖霊とは？
10:45　am	コーヒーブレイク
11:15　am	**聖霊の働きとは？**
12:00　am	スモール・グループ
1:00　pm	昼食
	午後　－　自由時間
4:15　pm	お茶の時間（希望者のみ）
5:00　pm	賛美
	聖霊に満たされるには？
7:00　pm	夕食
8:30　pm	エンターテイメント（歌やスキットなどをするのであれば準備してきましょう。希望者はどなたでも参加できます）。

日曜日

9:00　am	朝食
9:45　am	スモール・グループ
10:30　am	**人生を最高に生きるには？**
	聖餐式
1:00　pm	昼食
	午後は自由時間
	夕方の礼拝でお会いしましょう。

次のものを忘れずに持ってきてください。

① 聖書とアルファ・マニュアルとノート
② エンターテイメントの時間のための歌やスキットの準備
③ スポーツウェア
④ ウィンドブレーカーなど
⑤ タオル、石鹸

アルファ・ウィークエンドのための準備

1ヶ月前

日付＿＿＿＿＿＿＿＿＿＿＿＿＿＿

チェックリスト

開催場所との確認事項

■　シーツ、タオル、石鹸

■　聖餐用ぶどう酒

■　音響装置、オーバー･ヘッド･プロジェクター（OHP）

■　書店　－ アルファ関係の本を開催場所の書店に置いてくれるか確認する

■　ベジタリアンやアレルギーのある方のための特別な食事

■　スポーツ施設

■　ベビーベッドや小さい子供のための食事

■　ゲストに渡せるように、その場所の地図や行き方を書いたもの

■　寝室の配置図

次の奉仕者を決める

■　アルファ・ウィークエンドの間、その場所で小さな子どもをケアする人

■　土曜日午後のスポーツなどのイベントを企画準備する人

■　土曜日夜のエンターテイメントを企画準備する人

アルファ・ウィークエンドのための準備

2〜3 週間前

日付＿＿＿＿＿＿＿＿＿＿＿＿＿＿＿＿

チェックリスト

■　アルファ・ウィークエンドの用紙（書式 4）

■　お金を集める封筒

アルファ・ウィークエンドのための準備

1週間前

日付＿＿＿＿＿＿＿＿＿＿＿＿＿＿

チェックリスト

■ グループ内で各自、開催場所までの交通手段をアレンジしてもらう

■ 部屋割りの案をたてる

■ アルファ･マニュアルと聖書とスポーツウェアを持っていくように伝える。エンターテイメントを企画しているのなら、それに必要なものを持っていくのを忘れないように伝える

配布物

■ 全員、アルファ・ウィークエンドのタイムテーブルと地図を持っていることを確認する

部屋割りの案をたてる

アルファ・ウィークエンドの前のセッションが終わり、アルファ・ウィークエンドに参加する人数が最終決定したら、部屋割りを考えましょう。

- 未婚のカップルの部屋割りには注意しましょう。言い方に配慮しつつ、未婚のカップルは同じ部屋には泊まれないということを、明確に伝えましょう。もし、そうすることに不満なようでしたら、近くの別の宿泊所に、別に部屋を取るように提案してください。
- 親子連れの方は、会場に近いところに部屋を割り振りましょう。
- 各スモール･グループのメンバーは、できるだけ近いところに部屋を取るようにしましょう。
- 後になっての変更を考えて、この段階では最終決定はしないようにしましょう。

アルファ・ウィークエンド

当日

日付＿＿＿＿＿＿＿＿＿＿＿＿

チェックリスト

忘れずに持っていくもの

- ■ 聖餐用ワイングラス
- ■ 聖餐用ぶどう酒とパン
- ■ 献金用のかご、パンを入れるためのかご
- ■ 聖書朗読台
- ■ 書籍販売のための小銭をいれた金庫
- ■ 計算機
- ■ ビデオを使わない場合には、トークの録音用に空のカセットテープ
- ■ 子供たちのケアのためのおもちゃなど
- ■ ソングシートと貸し出し用聖書とマニュアル

リスト

- ■ 参加費の支払いをチェックした最新の参加者リスト。まだ支払いをしていないゲストが到着したら、その時点で参加費を集める
- ■ 開催場所の受付に、部屋割りと部屋の配置図のコピーを用意しておく

アルファ・デイ

基本事項

日付＿＿＿＿＿＿＿＿＿＿＿＿

もし可能なら、アルファ・デイではなくできるだけアルファ・ウィークエンドを行なうことをお勧めします。しかしアルファ・デイにも素晴らしい価値があります。ゲストの友情関係がこれをきっかけに深まり始めます。このガイドラインは、アルファ・デイをできるだけスムーズに行なうために作られたものです。

費用

アルファ・デイにかかる費用はできるだけ低く抑えましょう。金銭的なことが理由で参加することができないということが極力ないようにします。

費用に対する負担感は人それぞれです。支払える金額を支払ってもらうようにしましょう。
アルファ・デイの最後に、かかった費用に対する不足分の金額を伝えた後、参加したメンバー全員からサポート基金への協力を募ります。神様は、いつもこの方法に栄光を現してくださいます。

エンターテイメント

アルファ・デイの土曜日の午後、散歩やその他のスポーツイベントなどを企画するとよいでしょう。アルファ・デイを行なう場所を選ぶときにこのことを心に留めて選び、そこにある施設を最大限に活用しましょう。

家族

アルファ･コースに参加していない家族で、アルファ・デイに参加したいという人がいれば、ぜひ参加してくださるように勧めましょう。

結婚して子どもがいる夫婦には、家族の誰かに子どもを預けて、アルファ・デイでは完全にリラックスしたときを持てるように勧めてください。しかし、子どもも一緒に参加することもあるので、アルファ・デイでは、子どものケアをする人を準備しておくとよいでしょう。

時期

アルファ・デイを行なう理想的なタイミングは、第 6 週と第 7 週の間です。第 5 週と第 8 週の間のどこかで行なわなければなりません。アルファ・デイの申込書を第 3 週目から配布し、前もって予定を入れておいてもらいましょう。

開催場所

一日だけのプログラムですが、いつもコースを行なう場所とは違う場所に行って、アルファ・デイを行なうことをお勧めします。一緒に出掛けることにより友情関係を築きやすくなりますし、グループがしっかりと一つにまとまります。

開催場所に関するアドバイスは、下記までご連絡ください。

- アルファ・アドバイザー

● 皆様の地域で他にアルファ·コースを行なっている教会や他のアルファ·コースのグループに合流することも可能です。

できるだけ早くに開催場所の予約をしておくことが大切です。よい場所は早くに予約が入ってしまいます。

アルファ・デイのタイムテーブル

アルファ・デイの前の週に、ゲストにタイムテーブルを配りましょう。裏面には開催場所の地図、行き方を載せましょう。

アルファ・デイのタイムテーブルの例

土曜日

9:15 am	到着、受付とコーヒータイム
9:45 am	賛美
	聖霊とは？
	聖霊の働きとは？
10:45 am	コーヒー
11:15 am	**聖霊に満たされるには？**
1:00 pm	昼食
2:15 pm	午後 － 自由時間
	(スポーツイベントや散歩などの催し)
4:00 pm	お茶の時間（希望者のみ）
	あるいは、スモール·グループ
5:00 pm	賛美
	人生を最高に生きるには？
7:30 pm	終了

アルファ・デイのための準備

1ヶ月前

日付＿＿＿＿＿＿＿＿＿＿＿＿＿＿＿＿

チェックリスト

開催場所との確認事項

■　音響設備、オーバー･ヘッド･プロジェクター（OHP）

■　書店　－アルファ関係の本を開催場所の書店に置いてくれるか確認する

■　ベジタリアンやアレルギーの方のための特別な食事

■　スポーツ施設

■　小さい子供のための食事

■　ゲストに渡せるように、その場所の地図や行き方を書いたもの

次の奉仕者を決める

■　当日、子どものケアをする人

■　土曜日の午後に、スポーツイベントなどを企画準備する人

アルファ・デイのための準備

2〜3 週間前

日付＿＿＿＿＿＿＿＿＿＿＿＿＿

チェックリスト

■ 申込書を配布する（書式 5）

■ お金を集める封筒

アルファ・デイのための準備

1週間前

日付＿＿＿＿＿＿＿＿＿＿＿＿＿＿

チェックリスト

■　グループ内で各自、開催場所までの交通手段をアレンジしてもらう

■　アルファ·コース・マニュアルと聖書とスポーツウェアを忘れないように伝える

配布物

■　当日のタイム·テーブルと地図を、皆が持っているかどうか確認する

アルファ・デイ

当日

日付＿＿＿＿＿＿＿＿＿＿＿＿＿＿＿

チェックリスト

忘れずに持っていくもの

- ■ 計算機
- ■ 聖書朗読台
- ■ 書籍販売のお釣りのための小銭を入れた金庫
- ■ ビデオを使わない場合、トークの録音用のカセットテープ
- ■ 子供のケアのために必要なもの
- ■ ソングシートと貸し出し用の聖書とマニュアル

リスト

- ■ 参加費の支払いをチェックした最新の参加者リスト。まだ支払いをしていないゲストが到着したらその時点で参加費を集める

デイタイム･アルファ
（日中のアルファ･コース）

基本事項

子どものケア

多くのデイタイム･アルファには若い主婦の方が参加されます。ですから、一緒に参加するかもしれない小さい子どもたちのために、託児できる場所を作っておくとよいでしょう。

タイムテーブルの例

9:30 am	祈りと運営ミーティング
10:00 am	コーヒー
10:30 am	お知らせ
10:35 am	賛美
10:45 am	トーク
11:30 am	スモール･グループ
12:15 pm	終了

日程

デイタイム･アルファの日程を設定する場合、学期間のお休みにはアルファ･コースもお休みにするように設定するのがいいでしょう。

アルファ･ハーフ･デイ

デイタイム･アルファに参加する人で、アルファ・ウィークエンドまたはアルファ・デイに参加できないゲストがいる場合には、聖霊について学ぶ日（アルファ･ハーフ･デイ）を半日作りましょう。これは、聖霊についての学びをすべてカバーするものではありませんが、コースにとって大変重要な要素となりますので、必ず入れてください。

デイタイム･アルファの「アルファ・ハーフ･デイ」のプログラムの例

10:00 am	コーヒー
10:20 am	賛美
10:40 am	**聖霊とは？** **聖霊の働きとは？** **聖霊に満たされるには？**
11:30 am	ミニストリー
12:00 pm	昼食
1:00 pm	短い賛美 証し
1:30 pm	スモール･グループ
2:30 pm	終了

ランチタイム・アルファ
（昼食を共にするアルファ・コース）

私たちは、ロンドンの中心部でランチタイム・アルファを行なったり、その手伝いをしたりしました。時間的には明らかに短いのですが、とても価値のある時間です。

タイムテーブルのふたつの例

1時間コース

12:30 pm	軽い昼食
12:45 pm	トーク
1:20 pm	祈り（必要であればミニストリー）
1:30 pm	終了（時間にゆとりのある人は後に残って話しを続けることも可能）

1時間半コース

12:30 pm	軽い昼食
12:45 pm	お知らせと導入
1:00 pm	トーク
1:30 pm	スモール・グループ
2:00 pm	終了（時間にゆとりのある人は後に残って話しを続けることも可能）

アルファ著作権

ホーリー・トリニティ・ブロンプトン教会の主任牧師であるサンディ・ミラー師が記します。

「私たちはアルファ・コースを行なう人たちに、その地域の特性に合わせてコースを柔軟に活用して用いてもらうよう、常に求めてきました。しかし、そこにはコースの重要な核となる要素、アルファ・コースであるという独自性がなくてはなりません。しかしながら今までの経験において、この『活用して用いる』という言葉が誤解を招き、あるコースにおいては少なからぬ混乱を起こし、統一性を欠くという結果を生み出す原因となってしまいました。今日、アルファは世界各国で行なわれていますので、私たちは不本意ながらも、信頼と高い質を保つために幾分厳密なアルファ著作権を作成せざるを得なくなりました。皆様のご理解とご了承を宜しくお願い致します」。

(1) キングスウェイ社によって出版された本（著者が、著作権を持つと記載されている）を除いて、すべてのアルファの資料、出版物、小冊子、テープ、挿絵の著作権は、ホーリー・トリニティ・ブロンプトン教会にある。

(2) 著作権所有者、またはその代理による書面での許可なくして、いかなる場合においても、どのアルファの資料も、コピー複写、再録音、情報保管検索システムを含む、電動的、機械的な方法によって、再製されたり、放送されたりすることは禁じられている。

(3) アルファの資料は、アルファ・コースの運営または宣伝のためのみに使用することが許可される。転売、アルファ資料を用いてコースの運営、宣伝以外の目的で収入を得ることは禁じられている。

(4) ホーリー・トリニティ・ブロンプトン教会は、*"Alpha"*の名前、またはそれに酷似した名前を、他のクリスチャン・コースに用いることを控えるように要請する。この要請は、次の理由のためである。

* 酷似した名前で違うコースを行なうことによる混乱を避けるため
* アルファ・コースの統一性、独自性を保つため
* アルファ登録にリストされたコースの信頼性を保つため

(5) ホーリー・トリニティ・ブロンプトン教会は、アルファ・コースの内容を最小限で変える必要がある場合もまれにあると認める。これは、トークをする時間の長さ、及びセッションの回数に関する変更のみである。どちらの場合においても、コースの最も重要な特性は、保たなければならない。アルファは、15のトークから成り立っており、これがアルファ・ウィークエンド、あるいはアルファ・デイを含む、ある期間に渡って行なわれる。トークは、『人生の疑問』に基づくものとする。もし、アルファ・コースに変更が加えられたら、コースの責任者は以下のことに責任がある。

* 変えられたコースは、その教会、教区内でしか行わない。
* 他のどの場においても、変えられたそのコースを行なうことを許可してはならない。
* 変えられたコースについて、出版したり宣伝したりしてはならない。

アルファ著作権の説明

以下に、アルファ関連の出版物などの著作権に関してよくされる質問とそれに対する回答を記します。アルファ著作権を注意深く読めば、たくさんの質問に対する答えが分かります。アルファ著作権は常にホーリー・トリニティ・ブロンプトン教会にあり、ここに答えられていること以外の問題や質問がある場合には、常にホーリー・トリニティ・ブロンプトン教会のHTB出版まで必ずお尋ねください。

アルファのロゴをスキャンしてパンフレットやニュースレターや招待状に使用できますか？

はい。あなたのアルファ・コースを宣伝するためという目的にのみ使うことができます。このロゴを使用して販売を行なうことはできません。"***Alpha***" の文字は必ずイタリック（斜体）で表し、Times New Roman の太字の字体を使用してください。

ビデオやカセット・テープを家庭集会のためにダビングすることはできますか？

いいえ。アルファの資料は、アルファ・コースの運営、宣伝にのみ使うことができます。ゲストであっても、リーダーであっても、それらをダビングすることは禁じられています。

マニュアルを全部コピーすることはできますか？

いいえ。アルファ・コースの最も大切なことは、ゲストに最高のもてなし（食事ややすらぎや歓迎など）を与えることであり、使う資料の質は大変重要です。マニュアルをすべてコピーするためには一部あたりかなりのコストがかかることを考えても、コピーは得策とは言えません。

マニュアルの一部だけをコピーしたいということは、アルファ・コースを完全な形（『人生の疑問』の15の項目を10週間で行なう）で行なっていないということです。「アルファ」の名前を使い、アルファの資料を使うためには、コースを見直す必要があるでしょう。

まれに、例外もあります。更に詳しくは、HTBにご確認ください。

付録1

アルファ・パンフレットへの差し込みの例

ホーリー・トリニティ・ブロンプトン教会
ブロンプトンロード、ロンドン　SW7　1JA
電話:0171　581　8255
ファックス:0171　589　3390

アルファ・イブニング

1997年10月1日〜1997年12月3日

1997年10月1日(水)から始まるアルファ・コースに皆様も参加してみませんか。アルファは、キリスト教の信仰を実際的に紹介する短期間のコースです。このコースには週末に特別に行なわれるアルファ・ウィークエンドというプログラムがオプションで組み込まれています。このアルファ・ウィークエンドは、コースの中で鍵となる大切なプログラムであり、また大変楽しいときを過ごすことができます。今から皆様のカレンダーに予定を書き入れておいてください。更に詳しいことは、後日お知らせ致します。

私たちは、チームでこのコースを行なっています。毎週水曜日の晩、7時に夕食を始めます。その後、トークがあり、スモール・グループに分かれてのディスカッションや聖書の学びを行ないます。すべて、ホーリー・トリニティ・ブロンプトン教会で行なわれます。

このパンフレットにはさんである申し込み用紙に記入し受付でお渡し頂くか、できるだけ早く郵送ください。

10月1日に、皆様にお会いできますことを楽しみにしております。

ニッキー・ガンベル、ピッパ・ガンベル

10月1日	**イエスとは?**
10月8日	**イエスの死とは?**
10月15日	**確かに信じるには?**
10月22日	**聖書を読むには?**
10月29日	**神に祈るとは?**
11月5日	**神の導きとは?**
11月7〜9日	**アルファ・ウィークエンド**
11月12日	**悪に対抗するには?**
11月19日	**イエスを伝えるには?**
11月26日	**神のいやしとは?**
12月3日	**教会とは?**
12月10日	**アルファ・セレブレーション夕食会**

ホーリー・トリニティ・ブロンプトン教会
ブロンプトンロード、ロンドン　SW7　1JA
電話:0171　581　8255
ファックス:0171　589　3390

デイタイム・アルファ

1997年10月1日〜1997年12月10日

1997年10月1日（水）から新たに始まるデイタイム・アルファに皆様も参加してみませんか。

このコースは、毎週水曜日の午前中、ホーリー・トリニティ・ブロンプトン教会で、10時から12時まで10週間に渡って行なわれます。まずお茶を頂き、その後、キリスト教に関する基本的なトーク、また、スモール・グループに分かれてのディスカッションの場が持たれます。11月12日には特別な学びをする「半日」が、昼食を共にしながら持たれます。詳しいことは、後日お知らせ致します。また、オプショナルで、週末別の場所で行なわれるプログラムもご用意しています。

このコースは、キリスト教の信仰についてもっと知りたい、キリスト教が一体どういうものなのか知りたいという、どんな方にも理想的なコースです。たくさんの新しい人びとに出会い、新しい友達を作る素晴らしい機会でもあります。お子様のいらっしゃる方には、託児所も準備してあります。

10月1日に皆様にお会いできますことを楽しみにしております。

アネット・ミラー、ダードル・ハースト、ピッパ・ガンベル、シーラ・リー

10月1日	**イエスとは?**
10月8日	**イエスの死とは?**
10月15日	**確かに信じるには?**
10月22日	**お休み**
10月29日	**聖書を読むには?**
11月5日	**神に祈るとは?**
11月12日	**アルファ・デイ**
11月19日	**神の導きとは?**
11月26日	**悪に対抗するには?**
12月3日	**神のいやしとは?**
12月10日	**教会とは?**
12月17日	**アルファ・セレブレーション夕食会**

付録 2

アルファ参考文献･参考資料

＜アルファをスタートさせるために＞

Introductory Video（英語版）

アルファ･コースを紹介する 15 分間のプロモーション･ビデオ(英語版)

アルファ･コース紹介ガイド

アルファ･コースを紹介するカラーのパンフレット。アルファ･コースの内容について、コースを行なうために必要な資料について、またコースをスタートするのをお手伝いできるアルファ･ジャパンについての情報が載っています。また、世界各地の人びとや教会が、アルファ･コースを行なうことによって神様に劇的に変えられた証しが載っています。

チーム･トレーニング

アルファ･チーム･トレーニング　ビデオ（英語版）

「スモール･グループ」「牧会的ケア」「ミニストリー」の三つのトレーニング。アルファのリーダー、ヘルパーのチームすべての方にこのトレーニングを受けていただきます。（日本語版制作予定）

『アルファ･チーム･トレーニング　マニュアル』

アルファのすべてのリーダー、ヘルパーのためのマニュアル。スモール･グループを導くのに活用できる質問や、鍵となる聖句が載っています。

『さあ、伝えよう！』　（アルファ･コースの手引書として）

この本は、アルファの神学的背景、実践について書かれているだけでなく、イエス様に人生を変えていただいた方々の証しも書かれています。

『アルファ･コースの力を最大限に引き出すために』

この小冊子には、アルファ･コースを成功させるためのステップ、コースに人びとをひきつける方法、アルファでの祈りなどに関して記されています。

＜コースを行なうために＞

アルファ･コース　ビデオ版

アルファの 15 の学びのトークが、5 巻のビデオになりました。多くのコースでこのビデオが用いられています。

＜ビデオ 1＞
- キリスト教とは？
- イエスとは？
- イエスの死とは？

＜ビデオ 2＞
- 確かに信じるには？
- 聖書を読むには？
- 神に祈るとは？

＜ビデオ 3＞
- 神の導きとは？
- 聖霊とは？
- 聖霊の働きとは？

＜ビデオ 4＞
- 聖霊に満たされるには？
- 悪に対抗するには？
- イエスを伝えるとは？

＜ビデオ５＞

神のいやしとは？
教会とは？
人生を最高に生きるには？

『人生の疑問』

アルファ･コースが本になりました。アルファ･コースに参加するすべての方々に読んで頂くことをお勧めします。

『アルファ･コース･マニュアル』

アルファ･コースに参加するすべての人のためのコースのためのマニュアル

＜ユース･アルファ＞

『ユース･アルファ･リーダーズ･マニュアル』（英語版）

教会で若いリーダーたちがアルファを行なうために作られたマニュアル。日本語版出版予定。

『ユース･アルファ･マニュアル』（英語版）

11～14歳までを対象とした、アルファ･コースのマニュアル。日本語版出版予定。

『ユース･アルファ･マニュアル』（英語版）

15～18歳までを対象とした、アルファ･コースのマニュアル。日本語版出版予定。

＜フォローアップ･プログラム＞

『Searching Issues』（英語版）

アルファの中で最もよく取り上げられる７つの質問について書かれています。苦難、結婚前のセックス、その他の宗教、ニュー･エイジなどについて、取り上げられています。

『The Church on its Knees』　（英語版）

『ひざまずく教会』日本語版出版予定。

『30days』（英語版）

日本語版出版予定。

『Challenging Lifestyle』　（英語版）

イエスの山上の説教についての学びです。この本には、「社会的にどのような影響を及ぼすか」「どのようにお金を取り扱うか」などについて、取り上げられています。日本語版出版予定。

『Searching Issues』カセット（英語版）

『Searching Issues　マニュアル』（英語版）

『Challenging Lifestyle』（英語版）

『Challenging Lifestyle』カセット（英語版）

『Challenging Lifestyle マニュアル』（英語版）

＜賛美＞

アルファ・ワーシップ・パック（英語版）

＜アルファ　宣伝資料＞

アルファ・ポスター・セット

B3 サイズ 5 枚セットの 4 色刷りポスター。アルファ・コースを宣伝するために使ってください。

アルファへの招待状

全色カラー刷りの B5 サイズのパンフレット、50 枚セット。皆様の教会の詳細を印刷できる欄をつくってあります。

アルファ・ポストカード

アルファのはがきです。はがきサイズ 50 枚セット。

＜ゲストのために＞

『なぜ、イエス様？』『なぜ、クリスマス？』

アルファ・コースを始めるゲストの方に、またアルファ夕食会やアルファ・ゲスト礼拝に参加された方に配る、伝道を目的とした小冊子です。

『The God Who Changes Lives』（英語版）

神様によってふれられて、劇的に人生が変えられた人びとの証し。

付録3

書籍販売コーナーのための推薦図書

キリスト教とは？

Why Jesus?, Nicky Gumbel; Kingsway
『なぜ、イエス様？』　ニッキー·ガンベル著、アルファ·ジャパン

Why Christmas?, Nicky Gumbel; Kingsway
『なぜ、クリスマス？』　ニッキー·ガンベル著、アルファ·ジャパン

第1週　イエスとは？

Questions of Life, Nicky Gumbel; Kingsway, ISBN 0854765913
『人生の疑問』　ニッキー·ガンベル著、アルファ·ジャパン　ISBN 990121333

第2週　イエスの死とは？

Mere Christianity, C.S. Lewis; Harper Collings, ISBN 0006245706
『キリスト教の精髄』C.S.ルイス著、柳生直行訳、新教出版社　ISBN　4400520544

Basic Christianity, John Stott; IVP, ISBN 0851103537

More than Meets the Eye, Steve Chalke; Hodder & Stoughton, ISBN 0340641908

第3週　確かに信じるには？

Run Baby Run, Nicky Cruz; Hodder & Stoughton, ISBN 0340149582

The Cross & the Switchblade, David Wilkerson; Harper Collins, ISBN 0551002336

The Hiding Place, Corrie Ten Boom; Hodder & Stoughton, ISBN 0340208457
『わたしの隠れ場』コリー·テン·ブーム著、湖浜かおる訳、いのちのことば社　ISBN　4264001900

Born Again, Charles Colson; Hodder & Stoughton, ISBN 0340630582

第4週　聖書を読むには？

How to Read the Bible for All Its Worth, Gordon Fee & Douglas Stuart; S.U, ISBN 0862019745

New Lion Handbook to the Bible, Lion, ISBN 0745938701

Unlocking the Bible, Lion; ISBN 0745922104

Every Day with Jesus for New Christians; CWR; ISBN 185345074X

Newness of Life, Bible Reading Fellowship; ISBN 074592820X

30 Days, Nicky Gumgel; HTB Publications; ISBN 1898838801

第5週　神に祈るとは？

Too Busy Not to Pray, Bill Hybels; IVP, ISBN 0851108458

Don't Just Stand There Pray Something, Ron Dunn; Scripture Press, ISBN 1872059678

How to Pray, Torrey; Harvest Field Books, ISBN 0883681331

第6週　神の導きとは？

Listening to God, Joyce Huggett; Hodder & Stoughton, ISBN 0340392746

Your Guide to Guidance, Martin & Elizabeth Goldsmith; IVP, ISBN 085111220X

アルファ・ウィークエンド　　聖霊とは？

Chasing the Dragon, Jackie Pullinger; Hodder & Stoughton, ISBN 0340257601
『追龍伝愛－香港九龍城砦へ伝えた愛の記録』ジャッキー·ポリンジャー著、滝沢めぐみ訳、マルコーシュパブリケーション　ISBN　4872071913

アルファ・ウィークエンド　　聖霊の働きとは？

Knowing God, J. I. Packer; IVP, ISBN 0340604085
『神について』J.I.パッカー著、山口昇訳、いのちのことば社　ISBN　4264000408

The God Who Changes Lives I, II, III, ed. M. Elsdon-Dew; HTB Publications

アルファ・ウィークエンド　　聖霊に満たされるとは？

Paul, the Spirit, and the People of God, Gordon D. Fee; Hodder & Stoughton; ISBN 0340694254

The Mystery of Pentecost, Raniero Cantalamessa; Liturgical Press; ISBN 0814627242

God's Empowering Presence, Gordon D. Fee; Paternoster, ISBN 0853646449　(神学的文献)

アルファ·ウィークエンド　　人生を最高に生きるには？

Challenging Lifestyle, Nicky Gumbel; Kingsway, ISBN 0854765964

第7週　悪に対抗するには？

The Screwtape Letters, C. S. Lewis; Harper Collins, ISBN 06624565X
『悪魔の手紙』C.S.ルイス著、森安綾、蜂谷昭雄訳、新教出版社　ISBN　440052051

第8週　イエスを伝えるとは？

Searching Issues, Nicky Gumbel; Kingsway, ISBN 0854765867

The Case against Christ, John Young; Hodder & Stoughton, ISBN 0340524626

The Heart of Revival, Nicky Gumbel; Kingsway; ISBN 0854767568

Evidence that Demands a Verdict, Josh McDowell; Scripture Press, ISBN 1872059058

The God Who Changes Lives, Ed. M. Elsdon-Dew; HTB Publications, ISBN 1898838038

The Street Children of Brazil, Sarah de Carvalho; Hodder & Stoughton, ISBN 0340641649

第9週　神のいやしとは？

Power Healing, John Wimber; Hodder & Stoughton, ISBN 0340390905

Power Evangelism, John Wimber; Hodder & Stoughton, ISBN 0340561270
『力の伝道』ジョン･ウィンバー著、辻潤訳、暁書房　　ISBN　4872071077

Dancer Off Her Feet, Julie Sheldon; Hodder & Stoughton, ISBN 0340544856

第10週 教会とは？

A Life Worth Living, Nicky Gumbel; Kingsway, ISBN 0854764593

I Believe in the Church, David Watson; Hodder & Stoughton, ISBN 0340518235

Life in Christ, Raniero Cantalamessa; Vinyard Publishing; ISBN 971504848X
『キリストにおける生活　ーローマの信徒への手紙の霊的メッセージー』ラニエロ･カンタラメッサ著、庄司篤訳、サンパウロ、4月出版予定

付録 4

アルファ・ウィークエンド
エンターテイメントの時間のために

企画者のためのガイド

エンターテイメントの時間は、アルファ・ウィークエンドの中でも大変大切な時間です。この時間は、グループの一体感をさらに強める素晴らしい時間なのです。しかし、もし時間的にだらだらとこれを行ったり、やることがその場に適していなかったりする場合には逆効果となる可能性もあります。

エンターテイメントの時間を企画計画する人の役割は、皆のやる気をかきたて、コースに参加している人やグループに積極的にスキットなどに参加してもらい、行なうスキットが次に挙げる項目を満たしているようにすることです。こういったスキットには参加したくないという人もいますので、そういった人には機転をきかして対応する必要があります。スキットがその場にそぐわないこともありますので、常に愛情を持って接してください。もう一つの役割は、その晩の司会を務めることです。それぞれのスキットや出しものの間をつなぎ、見ている人たちを盛り上げる役割です。

次にあげますのが、この晩をスムーズに進めるための注意点です。

1．宗教的なことは、決して取り上げない

2．皮肉的なことやあてこすりは、決して入れない

3．内輪うけしかしないジョークは、決して入れない

4．大体あわせて 10 のスキットや出しものなどを入れるのがよい

5．エンターテイメントの時間は決して 1 時間以上にはしない

6．夜の 9 時に始めて 10 時前には終るようにする

7．特にうまくいったスキットなどの記録を取っておいて、せりふなども記録に残し次のときに使えるようにする

問題や疑問があれば、アルファ・ウィークエンドのリーダーかコースの責任者に、いつでも連絡をとってください。

アルファ・コース　運営ハンドブック　　アドミニストレーター・ハンドブック

2003 年 10 月　初版

原著　*Alpha Administrator's Handbook*
The *Alpha* Office, Holy Trinity Brompton
翻訳・監修　アルファ・ジャパン翻訳委員会
発行所　アルファ・ジャパン
〒113-0033　東京都文京区本郷 1-25-3　松尾ビル 7F
TEL:03-3868-8775　FAX:03-3868-8776
印刷所　新生宣教団

乱丁・落丁本はご面倒ですが発行者あてお送りください。
送料当方負担にてお取替えいたします。

www.ingramcontent.com/pod-product-compliance
Lightning Source LLC
LaVergne TN
LVHW080720250826
846327LV00009B/30
9784990121358